나도 양 제주에 살암수다

나도 양 제주에 살암수다

여행하듯 살아가듯, 어느 작가의 제주 생활 연습장

김민수 지음

Prologue
제주에서 삶과 여행의 공존을 배워가고 있습니다

    3년 차 새내기 제주도민으로 성읍민속마을에 살고 있습니다. 제가 사는 집은 초가집입니다. 할아버지 때부터 내려오던 낡은 집을 헐고, 있던 그대로 복원한 것이죠. 집이 완공되었을 때만 해도 육지와 제주를 반반씩 오가며 거주할 계획이었습니다. 그런데 마을 사람들이 극구 말리더군요. 비워 놓는 동안만큼 집이 망가질 거라고요.

    두어 달의 독거생활을 경험한 끝에 아내에게 청했습니다. 제주로 내려와서 같이 살자고.

    수원의 아파트에 두 아들만 덩그러니 남겨두고 아내와의 제주 생활은 그렇게 시작됐습니다.

    아내와 저는 둘 다 제주가 고향입니다만, 대부분의 인생을 육지에서 보냈습니다. 저는 4살 때 부모님을 따라 상경했고요,

아내는 고등학교까지 마친 후 올라갔습니다. 인구 천만의 서울에서 우연히 만나 연애 끝에 결혼까지 했으니 대단한 인연이라 생각됩니다.

처음에 아내는 제주 생활에 적응하지 못했습니다. 저야 이것도 여행이겠거니 하며 즐기는 편이었지만, 아내는 모든 것이 불편했죠. 해가 지면 모든 것이 멈춰버리는 캄캄한 시골 삶이 답답했던가 봅니다. 도시에서 저녁은 비로소 자유를 얻는 시간이잖아요. 아이들도 보고 싶었겠죠.

마당에 잔디를 깔고 나니 잡초들이 올라왔습니다. 난생처음 허리를 굽히고 그것들을 뽑아내야 했습니다. 좌식생활도 문제였고요. 건강했던 아내는 얼마 안 가 허리앓이란 고질병도 얻었습니다.

내성적인 아내가 활기를 얻은 것은 표선에 있는 수협목욕탕에 다니면서부터입니다. 일명 '표선목욕탕'이라 부르는 그곳에서 아내는 많은 사람을 만났습니다. 제주 출신에 사투리까지 유창하다 보니 모두들 친근하게 대해 주셨답니다. 관계가 형성되니 존재감도 커졌겠죠.

아내는 가끔씩 생선, 귤, 말고기, 김치 등등을 들고 의기양양하게 돌아오기도 합니다. 저는 아내를 통해 목욕탕 언니들이 전해주는 이야기를 듣습니다. 역사, 문화, 풍습까지 제주를 그렇게 배워가고 있습니다.

제주를 여행으로 다닐 때부터 알게 된 친구들이 있습니다. 대부분 육지 출신이죠. 그들은 이주의 열풍으로 제주 인구가 급속히 증가하던 2010년을 전후해 내려왔습니다. 초기에는 다들 어리숙했지만, 어려움을 마다하지 않고 열심히 생활한 끝에 지금은 어엿한 중견 도민이 되었습니다. 그들은 육지와 제주를 두루 경험했던 탓에 식견도 넓고 감각도 뛰어납니다. 그리고 즐길 줄도 알죠. 일을 마친 후에는 바다로 나가 파도를 타고요, 축제나 공연 플리마켓 등의 행사에도 빠지는 일이 없습니다. 또 유기 동물 관련 자원봉사 등에도 정성을 다하죠.

그들에게도 배웁니다. 삶과 여행의 교집합, 기묘한 공존을 익혀가는 중입니다.

작년 여름 출간을 제안받았을 때, 많이 당황했었습니다. 따지고 보니 제주에 대해 아는 것이 별로 없더라고요. 여행자 신분일 때의 교만함이 부끄러워질 만큼 제주는 넓고 깊은 섬이었습니다. 그런데 출판사에서는 '어설픈 단계에서의 시각과 느낌'이 오히려 재미있을 거라며 용기를 주시더군요.

하긴 제주에서는 집 밖만 나가도, 육지 사람들이 못내 그리워하는 여행이잖아요. 중고 물건을 사러 애월에 다녀오고 자동차 수리를 맡기고는 함덕해변에서 커피를 마시기도 합니다.

이번 책은 재미로 읽어주셔도 좋겠습니다. 읽다가 얼굴을

제주에서 삶과 여행의 공존을 배워가고 있습니다

덮고 낮잠을 주무시거나 라면을 끓이고 난 후에 냄비 받침으로 쓰셔도 됩니다. 참 다행스럽게도 원고 작업을 거듭하며 글쓰기가 조금 편해졌다는 느낌이 들었습니다. 생각과 삐걱거림도 완화된 듯하고요. 비로소 몸이 풀린 것 같은데 마감이라니, 한편으론 아쉬움도 생겨나네요.

저는 제주가 좋습니다. 아내와 함께 오래오래 누리고 싶죠. 혹시 압니까? 즐거움과 경륜이 무럭무럭 쌓이면 근사한 가이드북이라도 한 권 쓰게 될는지요.
자꾸만 부끄러워서 하는 말입니다.

차례

프롤로그 | 나도 양 제주 살암수다 4

1장 봄에서 여름으로

제주도는 큰 섬이다 15
표선목욕탕 21
우장 쓴 영등할망이 뒷마당에 찾아온 날 27
선자싸롱 34
고사리 시즌, 막이 오르다 40
냥이의 계절 46
청보리 물결치는 가파도의 초록한 봄 56
파품 갈치 나왔수다, 혼저 왕 상 갑써 63
땅콩 아이스크림 사진 한 장 때문에 69
가끔은 제주 원도심, 첫 번째 이야기 78
가끔은 제주 원도심, 두 번째 이야기 85

2장 여름에서 가을로 건너갈 때

대동강 초계탕 95
분위기에 녹아드는 맛집 취향이라니 101
터무늬 있는 그곳 모슬포, 첫 번째 이야기 108
터무늬 있는 그곳 모슬포, 두 번째 이야기 114
웰컴 투 오조리 120
트라우마를 날려버린 마라도 기행 126
구름, 바람 이따금 비 그리고 차귀도 133
황당하고 끈적거리던 어느 여름날 140
제주의 여름꽃을 보여줘 149
알박기 빌런이 사라진 금릉해변 155
꽃과 신화가 있는 동쪽송당 동화마을 161
세화오일장이 열리는 날에는 마음이 설렌다 166

차례

3장   가을과 겨울이 겹치는 자리

평대스냅 175
제주 돼지고기는 다 맛있다 180
우연히 만나 사랑하게 된 제주 노을 186
대체로 늙어 가지만, 때론 젊다 200
어쩌다 비양도 205
삶을 이끌어 온 아름다운 공동체 제주 해녀 211
성읍민속마을 전통민속 재현 축제 219
아내가 사랑하는 용눈이오름 226
벌초와 아버지 232
녹동 가는 길 238

4장 겨울에서 봄을 기다리며

추자도와 횡간도는 제주의 섬이다 247

월간 신풍리 254

첫눈이 내리던 날 260

눈 오는 날 국수를 만들어 먹다가 266

어리숙한 손님, 어설픈 접대 272

괴물광어 소동 278

동백오일 플렉스 283

1장

봄에서 여름으로

제주도는 큰 섬이다

제주도는 정말 큰 섬이다. 도민의 신분이 된 이후부터 물리적 크기 이상을 실감하며 산다. 성읍은 동쪽 마을이다. 생활의 영역이라 해야 집이 속한 표선면, 성산읍 정도다. 반면 서쪽의 안덕, 대정, 한경면은 아득하리만큼 멀리 있다. 일을 보러 다녀오면 하루가 다 가버릴 것만 같은 곳이다. 그 때문에 간혹 당근에 마음에 쏙 드는 물건이 올라오더라도 거래 장소가 그쪽이면 일단 망설이게 된다. 심지어는 북쪽의 애월이나 한림에 사는 지인들조차도 얼굴을 본 지가 백만 년은 된 듯하다.

옆 나라 일본에는 우리나라의 두 배나 되는 6,800개의 섬이 있다. 그중에 혼슈, 규슈, 홋카이도, 시코쿠로 이뤄진 본토를 제외하고 가장 큰 섬은 오키나와다. 그런 오키나와도 제주도 면적에 비하면 65퍼센트에 불과하다.

애월과 하귀를 잇는 해안도로 풍경

제주도의 둘레는 192킬로미터, 해안도로의 총연장 길이는 220킬로미터, 섬을 빙 둘러 이어진 일주도로는 176킬로미터다. 양양고속도로는 물론, 경부고속도로 서울에서 대전까지의 구간보다도 길다.

그런데도 많은 여행객이 제주공항에 도착하고 렌트카를 빌린 후, 한 바퀴를 도는 무모함을 감행한다. 귀한 여행의 하루치를 차 안에서 소모해야 하는 억울함이 있을 텐데도 말이다.

제주도에는 자동차 전용도로가 없다. 대부분 도로는 제한속도 40~70킬로미터 수준이다. 게다가 주행 중 곳곳에서 구간단속 구간과 정지신호를 만나게 된다. 그런 이유에서 제주도를 한 바퀴 도는데 2~3시간이면 충분하다는 항간의 정보는 근거가 없다. 중간에 내려 식사도 하고 남들 다 가는 해안가 스폿에서 사진까지 찍어 담는다면 6~7시간은 족히 걸린다.

겉핥기 여행이라면 몰라도 추억도 남기고 섬의 진면목을 조금이라도 느껴가고 싶다면 '제주도 한 바퀴'는 정말 노굿No Good이다.

제주도는 크게 제주시와 서귀포시로 나뉜다. 여기서 읍, 면, 그리고 제주 시내와 서귀포 시내를 별도의 영역으로 하면 총 10개 구역이 된다. 그리고 해안, 중산간, 시내에 길고 짧은 29개의 도로가 거미줄처럼 놓여있다.

어떤 도로를 이용하든 다음 구역으로 이동하는 데는 대략

제주도는 큰 섬이다

20분이 걸린다. 섬은 남북으로 짧고 동서로 길지만, 중앙에 한라산이 솟아있으므로 큰 차이가 없다. 길은 짧은 만큼 가파르기 때문이다. 이 점을 유념하면 여행의 동선은 단순하고 쉬워진다.

제주공항을 출발해 성산 일출봉까지 이동한다고 가정할 때, 제주 시내 – 조천읍 – 구좌읍 – 성산읍의 과정이 된다. 그러면 60분이라는 계산이 나오는데 얼추 실제 걸리는 시간과 비슷하다. 표선에서 대정까지는 '표선 – 남원 – 서귀포시 – 안덕 – 대정' 순이다. 1시간 20분이나 걸린다. 만약에 일출봉 부근에 숙소를 잡고 안덕에 있는 산방산탄산온천을 다녀온다고 했을 때 거의 한나절이 소요된다. 식사 시간을 포함하면 하루 일정은 그것으로 끝이다. '왔다리 갔다리'도 효율적인 여행 방법이 아니다.

우리가 패키지여행을 재미없어하는 데는 이유가 있다. 너무 많은 스폿을 일정에 넣고 있기 때문이다. 대부분 시간을 창 너머 스치는 경치에 쏟고 숙소에서 잠을 자는 데 허비한다.

잠시 내린 그곳을 휴대폰에 담을 수는 있지만, 추억 만들기엔 턱없다.

몇 년 전 여행을 위해 제주에 왔던 적이 있다. 제주시 교래 자연휴양림, 금능해변을 베이스로 3박 4일 동안 여행했다. 야영장과 호텔에 번갈아 묵으며 사려니, 곶자왈, 제주 구도심을 걸었다. 동문시장과 민속 오일장을 샅샅이 뒤지며 먹거리에 취하고 금능, 협재 바다를 바라보며 온종일 사색하며 보내기도 했다.

 대정에 머물렀던 또 다른 여행에서는 가파도와 마라도 그리고 제주올레 10코스를 걸었다. 60년 노포에 빠져 하루에 한 번씩 찾아갔고 전분 공장을 리모델링한 카페에서 커피와 고구마 라떼를 마셨다. 여전히 설레고 기분이 좋아지는 순간들, 돌이켜 보니 동선이 큰 여행보다는 작은 여행이 훨씬 기억에 남았다.

 도민이 된 지 꽤 지났지만, 동쪽 지역조차 제대로 섭렵하지 못한 데는 그럴만한 이유가 있다. 제주도는 알고 있는 것보다 훨씬 많은 여행이 숨어있었기 때문이다. 표선목욕탕 언니들의 단골 식당에는 관광객이 없다. 입도 10년 차 이주민들의 여름철 즐겨 가는 피서지도 이름 없는 해변이다. 동백마을 신흥2리가 유엔 세계관광기구UNWTO가 선정한 세계 최고 마을로 등극하고 오조리 갯벌이 우리나라의 17번째 습지보호 지역으로 지정되었다는 사실조차 아는 이가 많지 않다.

 여행은 그곳을 보는 일이다. 그곳을 보려면 당연히 머물러야 하며 머물게 되면 훨씬 많은 것이 다가온다.

제주도는 큰 섬이다

표선목욕탕

시골 동네는 해만 지면 모든 것이 올 스톱이다. 올레 밖은 캄캄해지고 다니는 사람마저 드문 암흑의 세상이 된다. 육지에서 살 땐 퇴근 후 거리에 나서고, 집에 돌아와 잠자리에 들기 전까지 가장 다이나믹한 시간을 보냈다. 하지만 불빛과 아이들을 떠나온 아내는 새로운 저녁에 적응해야 했다. 게다가 제주의 전통가옥이라는 초가집은 대문이 없다. 누구든 마당까지 쉽게 들어올 수 있는 구조다. 낯섦과 두려움, 그녀의 첫 제주는 행복하지만은 않았던 것 같다.

그런 아내가 스스로 제주 생활에 재미를 붙인 데는 역시나 목욕탕 역할이 컸다. 젊은 시절부터 목욕은 그녀의 유일한 취미였다. 틈만 나면 단골 목욕탕에 다녔고 한 번 가면 기본이 3~4시간, 한나절을 보내고 온 적도 부지기수다.

초가 너머 문득 찾아든 저녁노을

제주의 목욕탕은 현지에 사는 여성들의 사교장이자 텃세가 공인된 공간이다. 위계질서 또한 분명하다. 고참들은 자신의 사물함을 정해놓고 목욕 도구들을 두고 다닌다. 전용 자리도 있어서 누군가 모르고 앉았다면 낭패를 볼 수도 있다.

아내가 처음 표선목욕탕(성산포수협 표선 복지회관목욕탕)에 얼굴을 내밀었을 때, 터줏대감들은 어쩌다 찾아온 여행자겠거니 하며 관심을 두지 않았다. 하지만 매일 같은 시간에 나타나는 그녀의 얼굴이 익어가면서 무관심은 점차 경계심으로 변했다.

목욕탕이 있는 표선 중심가는 꽤 번화한 곳이다. 마트, 식

표선목욕탕

복삼언니 깍두기가 빛을 발하는 제주식 밥상

당, 술집들이 밀집해 있다. 유흥시설이 많기로도 유명하다. 그곳에서 일하는 여성들은 대부분 육지에서 건너왔다. 표선 사람들은 그녀들을 연예인이라 부른다. 그 덕에 아내 역시 육지 것(육지 출신), 혹은 연예인일 거란 소문이 돌기도 했다. 수군거림의 중심에 있었지만, 개의치 않았다. 아내도 먼저 말을 붙이거나 다가가는 성격이 아니기에 긴장감은 몇 주간 계속됐다.

그러던 어느 날, 누군가 조심스레 말을 걸어왔다.

"어디 살암시니?"

아내는 유창한 제주 사투리로 대답했다.

"성읍 살암수다."

아내가 제주 출신이라는 사실은 목욕탕 안에 순식간에 퍼졌고 그녀를 둘러싼 모든 벽은 한 번에 걷혔다. 이후 상상도 할 수 없을 일들이 아내에게 펼쳐졌다.

70세의 복삼 언니는 표선목욕탕의 대장이다. 평생 표선을 떠나 본 적이 없는 순도 100퍼센트의 로컬로 삶과 역사를 몸소 경험한 산증인이기도 하다. 하지만 그녀가 장기 집권을 할 수 있었던 이유는 그것만이 아니었다. 나이에 어울리지 않은 꼿꼿한 건강미와 빠른 판단력이 있었기 때문이다. 한번은 연로한 어르신이 탕 안에 들어갔다가 급사한 일이 있었다. 갑작스러운 사건에 모두가 허둥댈 때 복삼 언니가 들어가 시신을 안고 나왔다. 그리고 침착하게 일을 수습했다. 그런 그녀를 보고 목욕탕 사람들은 범접할 수 없는 아우라를 느꼈다.

제주에서는 나이가 들어도 일을 하는 것이 덕목으로 통한다. 가진 재산이 많든 적든 상관없으며 어떤 일이든 크게 개의치 않는다. 복삼 언니 또한 오랫동안 양어장 직원의 식사를 책임져왔다. 그러다 보니 구력으로 다져진 솜씨는 목욕탕 내에서도 정평이 나 있었다. 그녀는 음식을 넉넉히 만들어 나눠주기를 좋아했다. 물론 가까운 사람들만 받는 혜택이었다.

아내가 복삼 언니가 줬다며 겉절이 한 통을 들고 왔다. 평소 익은 김치를 즐기던 터라 처음에는 크게 기대하지는 않았다. 그런데 아내가 찢어서 넣어준 한 입에서 맛의 신세계를 보고야 말았다. 그녀의 겉절이에선 잘 익은 김치 이상의 숙성미가 느껴졌고 빨간 양념은 너무도 부드러웠다. 그렇게 어렵다는 단맛의 적정선에서 밥 한 공기를 순식간에 비우고는 환호하지 않을 수가 없었다.

"대박!"

리액션은 복삼 언니에게 그대로 전달됐다. 그러자 이번에는 깍두기와 강된장 그리고 배추김치가 줄을 이어 집으로 왔다.

복삼 언니뿐만 아니다. 아내 주변에는 사람들이 많이 생겼다. 모두가 목욕탕 사람들이다. 나서기보다는 남의 이야기를 잘 들어주는 편인 데다 목욕탕 내에서는 비교적 나이가 어린 점도 한몫한 듯하다.

상희 언니는 모회사 사장님의 별장을 관리하며 산다. 아내는 늘 조용하며 순수한 웃음을 가진 그녀가 김혜자를 닮았다고 했다. 아내와 상희 언니는 캣맘이라는 공통점이 있다. 비싼 현금을 주며 마트에서 사료를 사 왔던 그녀를 대신해 아내는 온라인으로 주문을 대행해 주기 시작했다. 그녀는 자신의 소소한 어려움을 해결해 준 아내가 고마웠다. 그래서 늙은 호박 몇 덩이에 마음을 담아 보내왔다.

아내는 가끔 목욕탕 원로들에게 듣고 온 제주 이야기를 전

해주곤 한다. 그 덕분에 풍습과 전통을 간접적으로나마 배워가는 중이다. 그리고 가끔은 원로들의 순박 엉뚱함에 한바탕 크게 웃곤 한다.

"바닷가에 땅을 사면 안 된대."

"뭔 소리야?"

"언니들이 어릴 적 봤던 땅 위까지 바닷물이 밀려 들어왔다나 봐. 지금의 해안도 언젠가 잠길지 모르잖아."

표선목욕탕

우장 쓴 영등할망이 뒷마당에 찾아온 날

올 2월에는 비 내리는 날이 유난히 많다. 물리적 봄이 코앞인데, 무슨 일인가 싶다. 이엉잇기를 마치고는 며칠째 집안에 틀어박혀 있다. 날씨 탓이겠지 하면서도 마음은 개운치 않다. 이렇게 살아도 되나 싶을 정도로 아무것도 하지 않고 있으니 말이다. 이제 곧 3월이다.

내가 사는 성읍1리는 1987년 민속마을로 지정됐다. 안동 하회마을, 고성 왕곡마을, 아산 외암마을을 포함한 국가문화재 민속마을 10곳 중 하나다.

마을 내의 가옥들은 대부분 초가집이다. 여러모로 불편하지만 옛 제주의 민속 경관을 유지해야 하는 막중한 임무를 띠고 있다. 초가집은 1년에 한 번 이엉 잇기를 한다. 쉽게 말해서 지붕 보수작업으로 문화재청이 그 비용을 댄다.

제주에서는 볏짚 대신 띠를 이엉재로 사용한다

논이 없는 제주에서는 이엉재로 볏짚 대신에 띠(새)를 사용해 왔다. 다 자란 띠를 베어오면 아녀자들이 한데 모여 줄 놓기를 한다. 줄 놓기란 이엉을 고정하는 데 쓰이는 집 줄을 만드는 작업이다.

이엉 잇기는 초가장(기술을 가진 이)이 인부들을 데리고 와 작업을 한다. 지붕에 올라가 본래 있던 집 줄을 끊고 띠를 올린 후 새 줄로 고정하면 1차 완성이다. 이때 묵은 띠는 걷어내지 않는 것이 원칙이다. 10년쯤 계속 쌓다가 지붕의 무게가 한계에 왔다 싶을 때 비로소 걷어낸다.

우장 쓴 영등할망이 뒷마당에 찾아온 날

그 때문에 초가지붕은 매년 높아지고 모습도 점차 웅장해진다.

우리집도 설 명절 전에 이엉 잇기를 했다. 안거리, 밖거리, 목거리, 정지 이렇게 네 채의 초가는 십여 명 일꾼들의 한나절 분량이다. 그런데 안거리와 정지까지 했을 때 비가 쏟아지기 시작했다. 이엉잇기는 묵은 지붕이 바싹 마른 상태에서만 가능하단다. 당연히 작업은 부득이 중단됐다.

제주에서는 일하는 날을 잡는 것이 마음처럼 쉽지 않다. "언제 오실래요?" 하고 물으면 "낼이나 모래", "다음 주", "월말에" 이런 식이다.

"남은 이엉 잇기는 언제 하실 수 있어요?" 하고 물었더니 "명절 끝나고"라는 대답이 돌아왔다.

정확한 날짜를 얘기하지 않는 것은 변화무쌍한 제주의 기후 때문이 아닌가 싶다. 바람이 세게 불면 배를 안 띄우고 비가 오면 농사를 쉬어가는 것이 시골 삶의 섭리다. 그러다 보니 두루뭉술하게 얘기하는 것이 그냥 습관이 됐는지도 모른다.

명절을 보낸 어느 날 오후, 일꾼들이 다시 와서 이엉 잇기를 마쳤다. 아, 아직 끝난 것은 아니다. 몇 번의 비를 맞고 이엉이 차분해지면 그때 집 줄 한 번 더 당겨 매는 과정이 남았다.

물론 언제 온다는 얘기는 없었고 묻지도 않았다.

아내가 서귀포오일장(서귀포향토오일장)에 다녀오자고 했다. 특별히 살 것은 없었지만, 자꾸만 늘어지는 기분을 추슬러 보자는 의미로 여겨졌다. 마침 비가 그쳤고 배도 살짝 고파왔다.

서귀포에는 2개의 시장이 있다. '서귀포 매일올레시장'과 끝자리 4, 9일에 열리는 '서귀포 향토 오일장'이 그것이다. 전자가 관광객이 즐겨 찾는 상설시장이라면, 후자는 말 그대로 예로부터 이어져 오는 전통시장이다. 서귀포 향토 오일장은 지나치게 크지도 작지도 않아 둘러보기에 적당하다. 또 주차가 편한 것도 큰 장점이다.

양력 2월은 제주에서도 어중간한 달이다. 생선들도 옥돔, 갈치, 조기 외에는 특별난 것이 없고 채소들도 마찬가지다. 그러다 보니 육지에서 건너온 것도 제법 많았다. 제주와 육지 것을 구별하는 방법은 의외로 쉽다. 구좌 당근, 대정 마늘, 한라산 표고버섯 등 생산지 표시가 제주면 찐 제주산이지만, 국내산 표기는 모두 육지에서 난 것들이다.

호떡집 앞에 긴 줄이 보였다. 제주시 오일장에서도 봤던 '지숙이네 호떡집'이다. 그 맛이 궁금해서 먹어볼까도 했지만 이내 마음을 접었다. 웨이팅은 여전히 넘기 힘든 벽이다.

시장의 정육 노점에서는 돼지와 닭의 고기와 부속물들을 함께 취급한다. 돼지머리는 통째 아니면 윗부분과 아랫부분(턱 주위)으로 나눠서 팔기도 한다.

근위, 닭발, 등뼈 등으로 옮겨가던 눈이 아강발에서 멈췄다.

우장 쓴 영등할망이 뒷마당에 찾아온 날

아강은 돼지 발톱 뼈를 일컫는 말이지만, 대략 발목 아랫부분을 통칭한다. 외관으로는 얼핏 보면 허옇고 가늘어서 '먹어볼 것이 있을까?' 하는 생각이 든다. 그런데 이것이 나름 제주의 전통음식이다. 아무런 간 없이 푹 삶아서 소금에 찍어 먹으면 입에서는 담백하고 속으로 넘어가면 베지근하다.

가격을 물어봤더니 아강발은 한족에 사천 원, 세족에 만 원이란다. 이천 원을 아끼자고 세족을 샀다.

이곳의 식당들의 메뉴는 주로 순댓국, 보말죽, 몸국, 고기국수 등으로 매우 제주스럽다. 장은 오일마다 열리지만, 식당만큼은 연중무휴다. 그중 가장 손님이 많은 식당으로 들어가 고기국밥과 순대국밥을 시켰다. 벽에 할머니 사진이 걸려 있는 것으로 보아 대를 이어 장사하는 듯했고 매일 고기 삶는 시간도 안내하고 있어서 믿음이 갔다. 넉넉한 고기와 순대. 하지만 기대가 컸던 탓일까? 첫 수저를 뜨고 난 후 아내와 난 혀끝에서 강하게 느껴지는 MSG 맛에 고개를 끄덕였다.

집으로 돌아왔다. 다시 비가 내리기 시작했고 이유가 있을 법한 허전함이 엄습해 왔다.

아마도 눈치챘을 아내가 커다란 들통을 가지고 들어왔다. 몇 시간 후, 아강발과 족탕이 놓인 밥상을 마주했다. 그리고 정말 순해서 두 병을 먹어도 괜찮은 한라산 보리소주 '순한'을 냉

아내는 아강발을 삶을 때 소금과 참치액젓만으로 간을 한다

장고에서 꺼냈다. 부드러운 껍질과 도가니를 방불케 하는 물렁뼈, 산후조리라도 해야 할 것처럼 진하게 우러난 국물….

얼마나 맛있게요.

아내가 표선목욕탕 언니들에게 전해 듣고 온 영등할멈 얘기를 해줬다.

"제주에서는 음력 2월을 영등달이라 부른대. 영등할멈은 내방신으로 2월 초하루에 찾아와 보름쯤 머물다 간다네. 내방신이 뭔지 알지?"

"제주 바깥에 살다가 때 되면 찾아오는 신이잖아."

"역시 잘 알고 있구먼. 영등할멈은 전복, 소라, 보말 같은 해

우장 쓴 영등할망이 뒷마당에 찾아온 날

산물의 씨앗을 바다에 뿌리는데, 할멈의 성격이 워낙에 변덕스럽다네. 그래서 바닷가 마을에서는 할멈의 기분을 맞추려고 해마다 제사를 올린대. 그게 영등제야."

"오, 똘똘한데? 한번 들은 얘기를 잘도 기억하네."

"내가 쫌 그렇지? 그런데 날씨도 영등할멈 마음에 달렸대. 제주 사람들은 날이 추우면 옷 좋은 영등할망이 왔다고 하고, 비가 오면 우장 쓴 영등할망이 왔다고 한대. 그리고 영등할멈은 볼일을 다 끝낸 후에는 꼭 우도를 돌아서 집으로 간대나 봐."

"왜 꼭 우도를 돌아서 간대? 이유가 있어?"

"궁금하지? 우도 주변에 먹을 게 많대. 일을 많이 한 영등할멈은 배가 고파서 소라하고 보말 같은 거를 엄청 먹는다네. 그래서 영등할멈이 떠난 음력 2월 보름쯤에는 우도 해안에서 빈 껍데기를 많이 볼 수 있는 거지."

"진짜 빈껍데기가 우도에 많이 나온다고? 누가 그래?"

"정말이래. 복삼이 언니가 그랬어. 그리고 영등할멈은 꽃필 때 한 번 더 온대. 그때 딸과 같이 오면 날씨가 좋고, 며느리랑 같이 오면 바람도 많이 불고 날씨가 궂대."

한바탕 신나게 웃었다. 그러고 보니 어느덧 '순한'도 두 병째다. 음력 2월 초하루까지는 20일 정도 남았다. 그런데 왠지 우장 쓴 영등할멈이 며느리를 대동하고 뒷마당에 와 있을지도 모른다는 생각이 들었다. 취했나 보다.

선자싸롱

2022년 6월 말, 장마보다 습기가 먼저 찾아왔다. 말할 수 없는 꿉꿉함. 첫 번째 여름은 그렇게 시작됐다.

형식이와 선자를 처음 만난 것도 이 무렵이다. 새로 산 잔디 깎이의 사용법을 몰라 헤맬 때, 인테리어 공사를 위해 집에 와 있던 찬국이가 두 사람을 불렀다.
찬국이는 형식이를 '침어 형'이라 불렀다.
"침어 형은 못 고치는 게 없어요. 앞으로 도움을 많이 받으실 거예요."
까무잡잡한 얼굴에 뒤로 넘겨 묶은 긴 머리, 원색의 셔츠와 반바지를 입은 형식이의 첫인상은 예사롭지 않았다. 화려한 목걸이와 팔찌 그리고 열 손가락 마디를 모두 채운 매듭 반지 또한 특이했다. 잠시 정체가 궁금하던 사이, 형식이는 능숙한 솜씨로 잔디깎이의 시동을 걸고 자상하게 사용법을 설명해 줬다.

    장마가 왔다. 찬국이는 일하는 날보다 쉬는 날이 많았다. 제주 비는 한 번 오기 시작하면 며칠이고 쉬는 법이 없었다. 에어컨은 7월 말은 돼야 설치할 수 있다고 했다. 선풍기와 제습기를 이리저리 옮겨 다니며 온종일 틀어놔야 했지만, 한 번도 경험하지 못한 계절이 꽤나 신기했다.

    그날도 비가 내렸다. 잔디깎이의 고마움도 전할 겸, 술 한잔하자는 제안을 했고 길 건너에 살던 형식이와 선자가 집으로 왔다. 캠핑 테이블을 마루에 펼치고 전혀 비싸지 않은 와인 몇 병을 내놨다. 선풍기 하나에 의지한 첫 술자리는 생각보다 쉽게 느슨해졌다. 그리고 얼마 지나지 않아 그의 모습에서 비범함도 사라졌다. 손질하기 귀찮아 기른 머리, 지인들에게 얻은 옷들을 나름 감각적으로 매칭한 패션, 목걸이와 팔찌, 매듭 반지는 본인이 직접 만들어 파는 것이라 했다. 우리는 여행과 음악이 통했고 감성적으로도 잘 맞았다. 얘기와 웃음 속으로 취기가 오르는 동안 그렇게 떠동갑은 자연스레 형, 동생이 됐다.

    서너 번째 와인 코르크가 테이블에 나뒹굴 무렵엔 일말의 쑥스러움도 사라졌다.

    기타를 잡고 노래를 불렀다. 김민기의 〈친구〉다.

    "검푸른 바닷가에 비가 내리면, 어디가 하늘이고 어디가 물이요."

지그시 눈을 감은 형식이는 가사를 음미하는 듯했다. 노래를 듣는 태도가 마음에 들었다.

그가 답가를 불렀다. 김영동의 〈멀리 있는 빛〉, 무려 8분이 넘는 길고 지루한 읊조림이다.

"6월 16일 그대의 제일에 나는 번번이 이유를 달고 가지 못했지. 무덤이 있는 언덕으로 가던 좁은 잡초 길엔 풀꽃들이 그대로 지천으로 피어 있겠지."

선자는 형식이보다 먼저 제주에 왔다. 10여 년 전, 그녀가 운영했던 가시리의 '선자싸롱'은 이주민들과 젊은 로컬들에게 제법 인기였다. 시골 마을에 전문(?)술집이라니, 선택의 여지가 없어 백반과 국밥에만 충성하며 술을 마셔왔던 그들에게는 비상구와 같았다. 대학에서 한국화를 전공했던 선자는 담뱃갑에 바탕색을 입히고 그 위에 고양이 그림을 그려 단골들에게 강매도 했다.

찬국이도 선자싸롱을 통해 그녀와 인연을 맺었다. 잘나가던 선자싸롱은 황당한 이유로 문을 닫았다. '싸롱'이라는 단어가 퇴폐적이라 마을 정서에 맞지 않는다는 주민들의 항의가 있었기 때문이다. 형식이와 선자가 만난 것도 이즈음이다. 에어컨 설치기사였던 형식은 일 때문에 제주에 왔다가 눌러앉았는데, 서로 한눈에 반한 이들은 대평리를 거쳐 7년 전 성읍으로 이사

선자싸롱

왔다.

'침어'는 '심해보다 더 깊은 바닷속에 사는 물고기'라는 뜻이다. 육지에서 제주로 건너와 사는 이주민들은 이름이든 넉네임이든 각자 원하는 대로 부르고 불렀다. 제주는 큐, 봉봉, 요네가 존중받는 또 다른 세상이다.

형식이는 재주가 많았다. 동네 분리수거장에 버려진 물건들을 가져다 고쳐 쓰기를 좋아했다.

그의 집에 있는 로봇청소기 두 대 역시 재활용장 출신이다.

형식이와 선자는 연세 350만 원을 내고 창고 건물을 수리해 살았다. 그래도 그의 거실은 분위기가 있었다. 타일 테이블에 옛 문짝을 고쳐 만든 찬장, 불꽃이 튀지 않는 화목난로도 그의 솜씨였다. 마당의 비닐 작업실도 운치가 있었다. 멀구슬 나뭇가지가 비닐 내부로 들어오도록 설계했고 그 때문에 꽃이 피면 화사해서, 비가 오면 빗소리가 좋아서 술을 마실 수 있었다.

형식이와 선자는 액세서리와 소품을 만들어 제주 수목원 야시장과 성산에 있는 플리마켓에 내다 팔았다. 실매듭으로 만든 목걸이와 팔찌는 여전한 두 사람의 브랜드, 선자싸롱의 시그니처다. 젓가락을 구부려 만든 반지, 로즈마리 방향제, 스테인드글라스, 윈드차임 등 감각적인 제품들도 인기가 있었다.

선자의 제주 사용법은 로컬을 능가했다. 봄에는 들녘을 누비며 고사리를 땄고, 가을에는 동백씨를 주웠다. 고사리가 솟고 동백 씨가 떨어지는 때와 장소를 누구보다 잘 알고 있었기에 수

확량은 엄청났다. 아마도 두 사람 일 년 생활비의 절반쯤은 그것으로 충분할 거란 이야기도 돌았을 정도다.

    형식이와 선자는 함께 살지만 법적인 부부는 아니다. 2세를 가질 생각이 없기에 결혼이란 방식에 큰 의미를 두지 않는다고 했다. 관계에 기대지 않고 감정에 충실한 남녀 사이로 살아가는 중이다.
    그들은 열심히 일하지만, 때로는 이래도 되나 싶을 정도로 신나게 논다. 봄이면 가시리 녹산로에서 '야사꾸라'(밤 벚꽃놀이)를 즐기고, 여름이면 매일 아침 표선 바다로 나간다. 함덕 해변 축제 때는 공연 무대에 난입했다가 끌려 내려온 적도 있다.

    육지에서 건너온 이방인은 30년을 살아도 '육지 것'이라 불린다. 지난겨울 그들의 집 주인이 연세를 두 배 올려 달라며 터무니없는 요구를 해왔다. 7년을 살았고 한 땀 한 땀 고쳐 살던 집이라 둘은 너무도 기가 막혔다. 육지 것이기에 당하는 일 같아서 서러웠다.
    결국 형식이와 선자는 떠나기로 했다. 그들이 함덕 어디쯤에 집을 샀다는 소식을 들었을 때는 꽤 많이 놀랐다. 항간에 떠돌던 알부자란 소문이 사실이었기 때문이다. 애정하던 두 사람과의 이별은 아쉬웠지만 육지 것의 통쾌한 복수 같아서 한편으론 시원했다.

선자싸롱

형식이는 이사비용을 아끼기 위해 그의 1톤 트럭으로 27번이나 짐을 날랐다.

그들의 집까지는 기껏해야 30분 거리로 늘어났을 뿐이다. 그래도 심리적으로는 꽤 멀게 느껴진다. 슬리퍼를 찍찍 끌며 몇 걸음이면 오갈 수 있었던 사이였으니 말이다.

고사리 시즌, 막이 오르다

선자의 인스타그램에 벌써 산두릅과 고사리 피드가 올라왔다.

똑, 기가 막힌 소리다.
비는 추적였지만,
혹시나 하는 조급한 마음에 답사 겸 가 봤는데
두릅도 고사리도
손맛을 보고야 말았다.

고사리로 시작해서 바지락과 문어로 이어진 후, 동백씨로 막을 내리는 그녀의 시즌이 드디어 시작됐다.
채집으론 둘째가라면 서러워하는 평대스낵 윤정이의 마음도 급해졌다.

"언니, 우리 동네에는 아직 안 올라왔던데."

제주의 계절에는 루틴이 있다. 벚꽃이 모두 떨어지고 나무에 새잎이 돋을 무렵, 긴 비가 내린다. 바로 고사리 장마다. 고사리 철은 이 비가 그치는 4월 중순부터 5월 초까지 이어진다. 그런데 올해는 예년보다 조금 빠르다. 3월 내내 비가 잦았던 탓이다. 그러다 보니 벚꽃은 늦고 고사리는 일찍 땅 밖으로 나왔다.

제주의 중산간은 한라산 자락의 해발 200~500미터 지역을 일컫는다. 고사리는 곶자왈과 들판, 오름이 분포돼있는 곳에서 주로 자라난다. 말 그대로 우후죽순. 고사리는 한자리에서 무려 8~9번 새순이 돋고 다시 자라날 정도로 생명력이 강하다.

제주 고사리는 크게 먹고사리와 백고사리로 나뉜다. 특히 먹고사리는 한자로 '궐채蕨菜'라 불리며 임금님에게까지 진상됐다고 한다. 검은빛에 키가 크고 줄기가 굵은 것이 특징이며 주로 숲이나 덤불 속에서 자란다. 직사광선이 들지 않고 충분한 습기가 유지되는 생육환경이 매년 봄 최상의 고사리를 세상 밖으로 내보내는 것이다.

제주 사람들은 손끝을 살짝 댔을 때 '똑' 하고 저절로 부러질 정도가 돼야 이상적인 채취 시점이라 말한다. 보고 따는 요령이 다소간 필요한 이유다. 한편, 백고사리의 '백'은 '하얗다'는 뜻이 아닌 '볕(빛)'의 의미다. 일조량이 많은 곳에서 자라며 가

늘고 연둣빛을 띠기 때문에 육지 고사리와 구별이 어렵다.

　이맘때 서성로(서귀포에서 성산읍까지 이어진 도로)와 같은 중산간 길을 달리다 보면 도롯가에 주차된 차들을 흔하게 목격하게 된다. 십중팔구 고사리를 따러 나선 사람들이 세워놓은 것이다. 제주민들은 나름 자신만 아는 고사리밭 하나씩은 꿰차고 있다. 그런 장소는 아무리 가까운 사이라도 결코 알려주는 법이 없다.

　고사리 철에 제주행 항공권이 비싼 까닭도 이유가 있다. 고사리 관광객이라 불리는 이들이 떼로 들어오기 때문이다. 제주 고사리는 제법 돈이 된다. 잘 말렸다가 주위 사람들에게 팔면 여비는 충분히 건지고도 남는단다.

　한편 제주의 길 잃음 사고 중 약 40퍼센트가 고사리 철에 발생한다. 주로 연로하신 분들이 곶자왈 깊숙이 들어갔다가 방향 감각을 잃어버리는 경우다. 그래서 제주도소방안전본부에선 구호를 하나 만들었다.

　〈나 홀로 너무 멀리, 또 깊이 가지 말자〉

　제주 먹고사리는 맛이 좋다. 주로 무침으로 먹지만, 육개장에 들어갔을 때 환상의 맛을 발한다. 외할머니는 살아계실 때, 고사리육개장을 즐겨 끓여주시곤 했다. 한번은 그 맛이 그리워 관광객들에게 유명하다는 식당에 들렀다가 크게 실망한 적이 있다. 고사리의 식감이 전혀 드러나지 않은, 마치 수프를 먹는

고사리 시즌, 막이 오르다

제주산
고사리로
만든 장아찌

난생처음
꺾어 본
제주 고사리

고사리와 숙주가 들어간 로컬식당의 고사리 육개장

듯한 느낌이었기 때문이다. 외할머니의 육개장에 들어간 고사리는 부드러우면서도 마치 고기를 씹는 듯한 탄력이 있었다. 나중에 안 사실이지만, 제주산과 중국산의 차이였다.

고사리육개장 역시 잔치 때 먹던 음식이다. 우선 돼지고기 육수에 잡고기와 불린 고사리를 넣고 끓인다. 이때 고기는 으깨고 고사리는 손으로 비벼 실같이 만드는데 그래야 내용물이 한쪽으로 쏠리지 않고 솥 전체에 골고루 퍼진다. 여기에는 하객들 누구든 공평하게 고기와 고사리 맛을 보게 하려는 제주민들의 순박한 인심이 깔려있었다. 고사리육개장도 몸국과 같이 메밀 궁합이다. 이렇게 국물이 걸쭉해지면 베지근한 맛도 상승하며, 더욱 든든한 한 끼가 된다.

최근 제주산 고사리를 사용한다는 식당 몇 곳에 다녀왔다. 그런데 그곳에서 외할머니의 바로 그 맛이 소환됐다. 결국 고사리육개장에 가장 중요한 것은 솜씨보다는 재료였다. 그리고 정성이 동반돼야 한다는 것을 알았다. 그들은 한결같이 봄이면 매일같이 산야로 나가 일 년 치 고사리를 장만해 둔다.

제주에서 맞은 첫봄은 정말 신기했다. 고사리 앞치마가 있다는 것도 그때 알았다. 고사리 앞치마는 아랫단에 지퍼가 달렸다. 고사리를 주머니에 담은 후 불룩해지면 지퍼를 열어 소쿠리 등에 쏟아붓기 위한 기능이다.

우리 부부도 고사리를 캤다. 선무당의 자세로 용감하게 들

고사리 시즌, 막이 오르다

판을 누비다 보니 꽤 많은 양을 모았다. 보통 고사리는 한 번 삶은 후 건조해서 보관해야 하지만, 바로 먹으려면 삶고 난 후에 하루쯤 물에 담가놔야 한다. 그런 절차를 생략했다가 대단히 쓴맛을 본 것도 어설픈 첫봄의 기억이다.

그러나 두 번째 봄부터 아내와 난 '팟지'로 사는 중이다. 팟지는 상품성이 없는 물건을 가리키는 말이지만, 제주에서는 고사리 채집에 나서지 않는 사람들도 그렇게 부른다.

고사리는 그냥 얻어먹기로 했다. 마음씨 좋은 이웃들이 팟지들을 그냥 내버려둘 리가 없기 때문이다. 일주일쯤 뒤에는 선자네 집도 한번 방문해 봐야겠다. 잘 마른 것으로 조금 가져와야겠다. 그리고 아내에게 고사리육개장을 한번 만들어 보라고 권해 볼 참이다. 풍요로운 냉장고보다는 입안의 즐거움이 우선이다.

냥이의 계절

동백나무가 꽃 피우기를 멈추자 겨울에 심어놓은 잔디가 올라오기 시작했다. 새들의 지저귐, 부드러운 바람, 봄은 그렇게 돌담을 넘어 불쑥 찾아왔다. 마당에서 보내는 시간이 많았다. 아침에는 포터블 스피커로 음악을 들으며 커피와 샌드위치를 먹었다.

할 일이 겹겹이 쌓여 있다. 인테리어도 해야 하고 사야 할 가재도구도 많이 남았다. 그렇다고 하루하루 마음 쓰며 살아갈 수는 없는 노릇이다. 공사를 맡기로 한 찬국이는 6월 말이 돼야 스케줄이 난다고 했다. 어차피 봄은 글렀다. 그리된 이상, 한 달이나 반년살이를 떠나온 사람처럼 굴기로 했다.

옆 마을 가시리와 신풍리에서 벚꽃 소식이 들려왔다. 그 무렵 고양이들은 마음씨 좋은 부부가 성읍 1리 사무소 뒷집에 산

슈가와 마요

다는 소식을 들었나 보다. 돌담을 넘어 고양이들이 들락거리기 시작했다. 물론 주인 없는 길고양이들이었다. 신우대 숲 앞에 급식대를 만들어 놓고 사료를 놓았다. 녀석들은 무료 급식소를 애용하는 노숙자들처럼, 아침저녁으로 나타나 밥만 먹고는 사라졌다. 어쩌다 얼굴이라도 마주치면 빛의 속도로 줄행랑을 쳤다.

그런데 언제부턴가 치즈 한 마리가 낭간(툇마루)앞까지 다가와 살갑게 굴었다. 배가 불룩하고 묵직한 것으로 보아 아가를 가진 냥이임이 분명했다. 녀석은 쉴 새 없이 대화를 시도했다. 무거운 몸을 이끌고 집으로 들어올 때는 부지런히 야옹거리며 배고픔도 알려왔다. 아내는 녀석을 각별히 여겼다. 아마도 수원

집에 아이들과 함께 사는 집냥이 하쿠와 페로 생각에 더욱 그랬던 것 같다. 고양이 밥그릇과 질 좋은 사료를 주문하고 언제든 찾아오면 먹을 수 있도록 준비를 했다. 임산부니까 관리가 필요하다며.

이름을 지어줘야 했지만 어울리는 단어가 선뜻 떠오르지 않았다. 궁리 끝에 동네 이름을 따서 '성읍'이라 부르기로 했다. 아내도 절대 잊어버리지 않을 괜찮은 이름이라 했다. 아무튼 성읍이는 매일 한두 번씩 찾아와 한참을 놀다 갔다. 아내가 잡초를 뽑을 때는 졸졸 따라다니며 배를 뒤집어가며 애교를 부렸다.

그런데 어느 날부턴가 성읍이가 보이질 않았다. 아내는 밤이면 밤이라서, 비가 오면 비 때문에 걱정했다.

'혹시 사고나 난 것이 아닐까?'

아가들을 낳았을지도 모른다며 안심시켰지만 아내의 시선은 종일 녀석이 즐겨 다니던 밖거리와 정지 사잇길을 향해 있었다. 모습을 감추고 4일째 되던 날, 드디어 성읍이가 나타났다. 배가 홀쭉해졌다. 아내는 격하게 녀석을 반겼고 내심 걱정이 있었던 나 역시 한시름을 놓았다. 성읍이의 먹는 양이 훨씬 많아졌다. 찾아오는 횟수와 머무는 시간이 늘어 갔다. 육아가 힘들기는 사람이나 고양이나 마찬가지인가보다. 늘어지게 낮잠을 자는가 하면 한밤중에도 찾아와 사료를 먹었다.

성읍이가 출산한 지 한 달이 지났다. 그런데 행동에 변화가 생겼다. 찾아오면 몇 시간이고 돌아가지 않았고 조그만 소리에도 민감한 반응을 보이며 주위를 살폈다.

사람은 늘 자신의 기분에 따라 판단하는 습관이 있다. '아가들을 키우기가 힘든가 보다.' 이렇게 생각하면 애처로웠고, '우리와 함께 살고 싶은가 봐'라고 위로하면 더욱 사랑스러웠다.

지인들과 식사하는 도중에 누군가 무심코 고기를 던져줬다. 처음에는 날름 받아먹던 성읍이가 어느 순간 고기를 물고 사라졌다. 장에 다녀오는 길에 돼지고기를 한 덩이 샀다. 그것을 구운 다음 잘게 썰어 녀석에게 먹이고 길게 한 점을 입에 물렸다. 그러자 고기를 문 채 마당을 건너고 담을 넘어가는 것이었다. 그리고 다시 돌아와 또 물고 가고….

성읍이의 반복되는 걸음은 새끼들을 위한 것임을 알았다. 아내는 성읍이와 아가들을 위해 하루 몇 번이고 고기를 구웠다.

아이러니하게도 인테리어 공사는 장마와 함께 시작됐다. 찬국이는 일하는 날보다 쉬는 날이 많았다. 궂은 날에는 소주잔을 기울이며 서둔다고 되는 일이 아님을 터득해 갔다.

'언젠가는 되겠지.'

그러던 어느 날, 눈치 빠른 찬국이가 성읍이의 거처를 알아냈다. 비밀의 장소는 한 치 앞이라 더욱 몰랐던 옆집 할머니의 비닐창고. 폐자재를 쌓아놓아 조금은 지저분했지만 그런대로 따스하고 안전한 곳이었다. 아가들은 노란색 두 마리, 흰색 두 마리 그리고 회색이 한 마리로 모두 다섯 마리였다.

하루는 찬국이가 회색이를 안고 왔다. 모두가 놀랐다. 어미와 떼어 놓은 것이 안타까우면서도 키워줄 주인이 생겼으니 어쩌면 다행이라 생각했다. 더구나 찬국이라면 믿을 수 있으니까. 마음을 잡고 필요한 물품과 사료를 챙겨주려던 그때, 성읍이가 나타났다. 어미도 울고 새끼도 울고, 이산가족 상봉이 따로 없었다.

모두가 어찌할 바를 몰라할 때, 성읍이가 회색이의 목덜미를 번쩍 물어 올렸다. 그리고 마당을 지나 돌담 앞에 다다랐다. 모두가 숨을 죽이며 그 장면을 바라봤다. 끌어 올리고 채근하며 담을 넘는 모습은 어떤 수식어로 형용할 수 없는 감동적인 장면이었다. 눈물겨운 모성애에 찬국이는 회색이를 포기했고 성읍이는 다행이도 아무 일도 없었다는 듯 우리를 대했다.

"아직은 때가 아니에요."

얼마 후, 성읍이는 훌쩍 커버린 새끼 냥이들을 데리고 집으로 왔다. 그리고는 안거리 마루 끝에 있는 굴묵(구들에 불을 넣는 장소)에 터를 잡았다. 굴묵은 방과 마루 아래로 이어졌고 몸을 숨기기에 적당했다. 새끼들은 사람과 친해질 생각이 전혀 없는 듯했다. 다가가면 마루 밑으로 숨고 때론 마당으로 사라졌다가 조용히 나타나 사료를 먹었다.

냥이의 계절

수원에 다녀오기 위해 얼마간 제주집을 비웠다. 자율 급식기를 사놓고 길 건너에 사는 선자와 형식이에게 들여다봐달라고 부탁했다. 그런데 며칠 후 돌아왔을 때 성읍이의 모습은 온데간데없고 새끼들만 보였다. 선자와 형식이도 난감해했다. 하루가 이틀 되고 사나흘이 지나도록 기다려봤지만, 허사였다.

사람들은 말했다.

"새끼들이 어느 정도 자라면 엄마 고양이는 다른 곳으로 떠나간대."

아내와 난 성읍이를 찾아 동네를 헤매고 다녔다. 노란 치즈 냥이를 볼 때마다 "성읍아!" 하고 불렀다. 애써 위로했지만, 일주일 그리고 보름이 지나면서 기대는 점점 엷어져 갔다.

"혹시, 잘못된 것이 아닐까? 차에 치이거나 농약이라도 먹었으면 어떻게 해?"

사실 마을에는 그렇게 죽어간 고양이가 많았다.

"성읍이는 똑똑하니까 그런 일은 없을 거야, 어딘가에서 또 좋은 사람들을 만나 잘살고 있겠지."

성읍이가 떠난 후 새끼 냥이들은 돌담 밖 대나무숲으로 거처를 옮겼다. 녀석들은 야생의 본능이 있었다. 때론 새와 쥐를 사냥하고 마당에 놓아둔 사료를 먹으며 똘똘 뭉쳐 살았다.

엄마의 가르침 탓일까? 일정한 테두리를 벗어나는 일도 없었다. 그런데도 우리 부부에 대한 경계가 풀어지기까지는 무려

6개월의 시간이 걸렸다.

이름을 지었다. 치즈 두 마리는 영화 〈찰리의 초콜릿 공장〉에 등장하는 난쟁이의 이름을 따서 각각 '움파', '룸파'라고 했고, 흰색 두 마리는 '솔트'와 '슈가', 그리고 회색이는 그냥 '그레이'라고 불렀다. 아내는 녀석들을 모두 중성화시켰다. 번식이 길고양이의 삶에 이롭지 않다는 판단에서였다. 아내의 생각이 옳건 그르건 당연히 편이 되어 줘야 했다. 그래서 바깥 마루에 녀석들의 집을 짓고 정성으로 보살폈다. 그저 아내의 마음이 편안했으면 좋겠다는 생각뿐이었다.

소소한 행복의 시간은 길게 이어지지 않았다. 슬픈 영화처럼, 녀석들은 하나둘 먼 곳으로 떠났다. 헐떡이는 룸파를 담요에 싸고 표선동물병원으로 달려가던 순간, 움파와 그레이를 기다리던 길고 긴 시간조차 무력하게 느껴졌다.

그리고 최근까지 함께 살았던 슈가마저 사라진 후, 꿈속에 나타나 하늘나라에 있음을 암시했을 때 아내는 더욱 펑펑 울었다.

지금 우리 집에는 세 마리 고양이가 산다. 그 중 한 마리가 성읍이가 낳은 올화이트 '솔트'다. 오누이 네 마리가 떠났지만, 여전히 녀석은 우리 부부의 곁에 있다. 낮에는 밖에 나가 활동을 해도 밤이 되면 꼭꼭 집에 들어와 잠을 잔다.

제주는 알게 모르게 고양이 섬이다. 치즈, 삼색이, 올화이트, 고등어, 젖소, 턱시도, 올블랙, 카오스 등 코리안 숏헤어의 모든 종이 집 주위와 골목을 서성거린다. 환경이 이렇다 보니 아내도 자연스레 캣맘이 되었다. 아내는 하루에 한 번, 마을 안 폐가에 사료를 놓으러 다닌다. 그간 중성화를 시킨 고양이만 해도 15마리나 된다. 마을 주민 중 일부가 고양이 배설물 때문에 골치가 아프다며 나무라지만 그녀의 신념은 확고하다. '이왕 태어난 고양이들은 잘 살 수 있도록 돌봐주고, 대신 중성화로 개체 수를 줄이는 것이 합리적'이라는 것이다.

어느 날 아내는 산책길에서 두 마리의 새끼 냥이를 발견했다. 세상에 나온 지 3개월쯤 돼 보이는 치즈와 삼색이였다. 냥이들은 얼굴에 심한 상처가 있었고 제대로 먹지를 못했다. 아내는 녀석들을 포획 후 동물병원에 데려갔다. 그래 봐야 안약과 항생 주사가 고작이었지만.

수의사는 스스로 이겨내는 수밖에는 없을 거라고 말했다. 아내는 고민 끝에 두 마리 모두 집으로 들였다. 각각 '마요', '네즈'라 이름을 붙여줬다.

마요와 네즈는 길냥이의 습성이 강했다. 낯가림이 심해 가까이 가면 안 보이는 곳으로 숨거나 하악질을 해댔다. 그 덕에 방 하나를 온전히 내어줬고, 아내는 정성을 다해 돌봤다.

그러던 얼마 후, 육지 출장 중이던 내게 전화가 걸려 왔다.

'네즈가 오래 못 살 것 같아.'

수화기 너머로 전해지던 아내의 북받침. 네즈는 안타깝게도 바로 그날 그녀의 품속에서 죽었다. 그리고 그 새벽에 선자와 형식이 건너와 묻었다. 곁으로 달려갈 수 없었던 막막한 순간, 겉으로는 위로하면서도 마음 한켠 작은 구석에 원망이 스쳤다.

'그대로 놔뒀으면 아무 일도 일어나지 않았을 테지.'

아내는 내게 늘 미안해했고 '더 이상'의 경계를 넘지 않으려 무척이나 애를 썼다. 하지만 표정만 봐도 느낄 수 있었다. 얼마나 힘들어하는지를.

고맙게도 마요는 잘 자라줬다. 얼굴의 상처도 낫고 몸도 건강해졌다. 슈가가 있을 땐 백색 우월주의에 빠진 두 녀석에 의해 묘종차별도 받았지만, 차츰 적응해 가며 어엿한 성묘가 되었다.

슈가가 떠난 뒤 마요는 솔트가 의지하고 살아갈 유일한 존재였다. 따지고 보면 서로에게 마찬가지다. 둘은 함께 먹고 놀며 한 집에서 털을 부대끼며 시절을 보냈다.

'표선'이는 불쑥 나타나 녀석들의 밥을 빼앗아 먹던 빌런이었다. 그러다 결국 솔트와 마요 사이를 비집고 식구가 됐다. 자기도 굴러온 돌인 주제에 동네 냥이들이 안마당을 침범하는 꼴을 절대 용납하지 않는다. 그리고 '삼달'이, '달곤'이가 일 년째, 최근에는 조리, 마리, 요리가 신우대 급식소에 나타나 밥을 먹는다.

몇 번의 만남과 헤어짐을 경험하면서 아내도 단단해졌다.

냥이의 계절

아내와 성읍이

여전히 캣맘으로 지내지만 부담은 조금 내려놓은 듯하다. 같은 마음 가진 사람들이 꽤 많다는 것을 알게 되면서부터다.

'평대스낵' 윤정이는 아내가 구조한 냥이를 맡아 키우고 있다. 이름은 '고릴라', 애교가 정말 많은 개냥이로 커간다. 그리고 배우 김혜자를 빼닮은 표선목욕탕 상아 언니는 아내에게 부탁해 사료를 조달한다.

이들은 다른 계절에 산다. 이따금 슬픔이 비처럼 내리고 외로운 바람이 부는 착한 이들의 계절이다.

청보리 물결치는 가파도의 초록한 봄

4월이 되자 SNS에 가파도 피드가 쏟아지기 시작했다. 연초록의 물결, 사진과 영상만으로도 황홀했다. 그런데 벌써 끝물이란다. 마음이 총총거리기 시작했다. 몇 번 가파도를 다녀왔지만, 청보리가 넘실대는 섬 들녘은 한 번도 본 적이 없다. 예약사이트를 살펴보니 평일 오후에 약간의 배표가 남아있었다.

운진항에 도착하고 보니 이미 대형 버스에 렌터카들까지 빼곡히 주차장을 메우고 있었다. 가파도 청보리 축제는 4월에서 5월 초까지 이어진다. 이 시기 여객선 운항은 30분 간격, 1일 15회로 늘어나지만, 예약 없이 왔다가는 허탕 치기 십상이다. 현장 발권은 조기 마감되는 경우가 많기 때문이다. 잠시 선착장을 배회하다 여객선에 올랐다.

가파도는 운진항에서 5.5킬로미터 거리다. 갑판에 나가 사진 몇 장 찍다 보면 바로 하선 안내가 나올 정도로 가깝다. 가파도는 정말 작은 섬이다. 해안선 길이가 4.2킬로미터에 불과하다. 게다가 최고 높이도 20.5미터다. 이것도 해수면에서부터 따진 것이니 그냥 평지로 이뤄진 섬이라 해도 무방하다. 제주도 서남해안, 특히 송악산에서 가파도를 바라봤을 때는 바다에 찰싹 붙은 껌딱지 같다고 생각했을 정도니까.

가파도에 도착 후 머물 수 있는 시간은 1시간 50분 정도다. 지정된 시간의 왕복표밖에는 예매가 되질 않는다. 분위기 있는 곳에서의 커피나 식사는 차치하더라도 섬 길을 걷고 스폿들을 거치려면 부지런히 움직이어야 한다.

가파도는 세상에서 가장 넓은 하늘을 이고 있다. 좌우로 고개를 돌려봐도 온통 하늘이다. 이토록 낮은 섬은 피사체를 더욱 돋보이게 하는 겸손의 재주를 가졌다. 청보리도 꽃도 사람도 하늘과 어우러져야 가장 아름답다는 것을 가파도는 잘 알고 있는 듯하다.

선착장 해안가는 제주 본 섬을 또렷하게 조망할 수 있는 최고의 포토존이다. 한라산의 능선 자락에 우뚝 솟은 산방산과 송악산의 어울림은 가히 압권이다. 시야가 좋을 때는 마치 가파도와 제주도가 한 섬인 듯한 착각에 빠지게 한다.

이제 청보리밭을 향해 쏜살같이 걸어갈 차례다. 상동포구에서 가파포구로 이어지는 가파로67번길은 그야말로 '보리밭 사

가파도 보리밭의 초록 물결

잇길'이다. 양 갈래로 나누어진 보리밭은 바다에 가 닿을 듯 드넓게 펼쳐져 있다. 바람에 일렁이는 초록 물결, 가히 압권이다. 가파도가 청보리 섬으로 불리는 까닭은 면적의 60퍼센트가 보리밭이기 때문이다.

    봄이 떠나면 청보리 또한 자취를 감춘다. 그렇다고 서운해 할 필요는 없다. 베어진 자리는 농사를 위해 남겨지거나 꽃밭으로 변신한다. 계절이 바뀌면 우리나라에서 가장 먼저 피어난 코스모스군락을 만나게 되고 들판을 가득 메운 바늘꽃과 양귀비꽃도 볼 수 있다. 가파도에서 초록한 봄이 떠나면 붉은 여름이 온다.

    가파포구는 예부터 고깃배가 드나들던 섬의 중심항으로 마라도까지의 거리 또한 가장 가깝다. 이곳에서 바라보면 재건축된 마라도 등대도 한 눈에 쏘옥 들어온다.

    포구에 자리한 '마을애가게'(MBC에브리원 예능프로그램) 촬영지와 24시간 개방된다는 무인카페를 지나면 요즘 백패커들에게 핫한 '태봉왓캠핑장'이다. 나지막한 언덕 위에 설치된 10개의 데크사이트는 마라도와 한라산 풍광을 동시에 품었다. 가파도라서 가능한 탁월한 입지 조건이다.

    근사하게 서 있는 텐트들에게 살짝 질투가 생겼다.

    "섬에 들어올 때, 배표를 왕복으로 끊어 주던데 캠핑하는 사람들은 어떻게 해요?"

"숙소를 이용하거나 캠핑장에 오는 사람들은 확인 후에 편도로 끊어줘요. 나갈 때 가파도 선착장에서 다시 표 끊으면 돼요."

이런 이런, 캠핑하는 그들이 더욱 부러워졌다. 한가롭게 보리밭 사잇길도 걷고 바다도 바라보며 '가파도 청보리 에일'을 마셨더라면 얼마나 좋았을까?

꽤 많은 관광객이 자전거를 타고 스쳐 지나갔다.

한편으로는 '이 작은 섬마저 자전거로 돌아봐야 옳은가?' 하는 의문도 잠시, 어쩌면 누군가에겐 '부딪치는 바람과 햇살' 또한 여행의 목적일 수 있을 거란 생각이 들었다. 솟았던 미간이 편안해졌다. 서로 다른 여행을 이해하면 그 또한 풍경 일부가 된다.

가파도에는 전봇대가 없다. 무無탄소의 깨끗한 섬을 만들어 가는 과정에서 지중화됐다.

가파도 여행의 모토는 단순함이다. 배에서 내리자마자 마주치는 대합실부터 섬을 걸으며 만나게 되는 골목과 가옥, 새로 생긴 시설물이 한결같이 단순하다. 관광객의 숫자는 늘었지만 섬은 요란한 변화를 거부하는 중이다.

소망 전망대는 가파도의 정상이다. 2.5미터의 높이, 해발로 따지면 고작 23미터다. 하지만 고만고만한 데크 위에서도 마을과 해안으로 이어지는 평화로운 섬 풍경을 감상할 수 있다. 수평적 풍경의 진수는 누가 뭐래도 전망대를 둘러싼 익살스러운 돌하르방과 청보리밭이다. 마침 마을 아주머니들이 모여 열일 중이었다. 그 모습을 한 참 바라보는데 아주머니 한 분이 말을 걸어왔다. 아마도 나의 외모에서 육지 관광객의 풍모를 느꼈나 보다.

"아저씨는 어디서 왔어요?"

전혀 세련되지 못한 서울말에 대한 답변으로 그간 배워뒀던 제주 사투리를 써보기로 했다.

"나도 양 제주 살암수다. 일 허느랭 폭삭 속암수다. (나도 제주에 살아요. 일하시느라 많이 고생하시네요.)"

아주머니들의 웃음이 터졌다. 여행의 즐거움이 어설픈 표준말과 사투리 사이에도 있을 줄이야.

아름다운 뷰를 자랑하는 태봉왓야영장

파품 갈치 나왔수다, 혼저 왕 상 갑써

제주항의 옛 이름은 '산지항'이다. 한라산에서 내린 산지물이 바다를 만나는 지점이다. 이제는 뭉뚱그려 제주항이 되어버린 이곳에 옛 정취를 간직한 작은 포구가 있다. 오래전 '돈지머리' 혹은 '앞돈지'로 불렸던 산지포구다. '돈지'는 '배가 정박할 수 있는 바닷가'를 뜻하는 제주어로 자연스레 형성된 천연 포구를 뜻한다.

그런데 이런 산지포구의 새벽녘이 뜨겁다. 바다로 나갔던 고깃배들이 들어오는 것과 동시에 생선 노점이 후다닥 생겨난다. 규모가 작고 상인 수도 적지만, 나름 새벽시장이자 번개시장인 셈이다. 제주 지리를 좀 아는 사람들이라면 건입동 제주시수협공판장 부근으로 이해하면 된다.

산지포구 앞 매대에 놓인 생선들은 각양각색이다. 그런데 낯익은 생선이라고 해봐야 갈치, 옥돔, 객주리(쥐치), 바닷장어가 고작이다. 금태라고 부르는 눈볼대와 황돔도 상인에게 묻고 나서야 이름을 알았다.

"제주에서는 참돔을 황돔이라고 한다면서요?"

얼핏 주워들은 얘기를 건넸다가 핀잔만 들었다.

"참돔은 참돔이고 황돔은 황돔이주게, 뭐랭 고람수꽈? (참돔은 참돔이고 황돔은 황돔인데 무슨 말을 하십니까?)"

포구의 생선들은 대충 훑어봐도 동문시장이나 오일장의 가격보다도 훨씬 저렴했다. 아내는 침착함을 유지하는 듯 보였지만 입술이 동그랗게 말렸고 나는 진즉에 가슴이 콩닥거렸다.

'오늘은 생선구이에 제주 막걸리?'

머릿속이 비상한 쪽으로 흐르기 시작했다.

노점의 주 고객은 부지런한 아주머니들이다. 돈 만 원을 내고 머리와 꼬리지느러미를 잘라낸 갈치 네다섯 마리를 담아간다. 마트에서라면 상상도 할 수 없는 가격이다. 아내가 이것저것을 물어보더니 흥정을 시작했다. 역시나 믿음직한 갈치, 그리고 할머니들께서 구워 먹으면 정말 맛있다며 추천한 고즐맹이(꼬치고기)를 샀다. 한 손으로 들 수 없을 만큼 묵직했지만, 고작 3만 원을 썼다.

산지포구로의 발길이 잦아지면서 시야가 넓어졌다. 그리고 자연스레 노점이 전부가 아님을 알게 됐다. 이곳의 생태는 제주

파품 갈치 나왔수다, 혼저 왕 상 갑써

도 수협 수산물공판장을 중심으로 이뤄지고 있었던 것. 즉 새벽녘 고깃배들이 포구로 들어오면 이곳으로 넘겨져 경매가 이뤄지고 또 그 생선들의 일부가 산지포구에서 소매되는 형식이었다. 흐름을 알고 나니 조바심이 없어졌다.

경매장 밖에는 박스로 생선을 파는 상인들이 늘어서 있었다. 생선들은 한눈에 봐도 노점보다 크고 실한 데다 가격도 그만큼 비쌌다. 이름만 대도 알만한 큰 식당들은 직접 중매인을 넣어 경매에 참여도 하지만, 중소 식당은 밖에서 그때그때 나오는 박스 생선을 기다린다. 조황에 따라 시세가 다르니 흥정에 푸념도 따르고 때론 실랑이도 있을 수밖에.

제주도에서는 갈치의 크기를 손가락에 비유한다. 삼지, 사지, 오지갈치 이런 식이다. 제주 갈치의 상품성이 높은 것은 주낙으로 잡기 때문이란다. 비늘이 온전하니 은갈치란 이름처럼 빛깔이 찬란하다. 오지갈치는 계절과 어획량에 따라 차이가 있지만, 당일바리의 경우 10킬로그램 한 상자에 대략 30만 원을 호가한다. 상자에 12~13마리 정도가 들어가는데, 관광객이 많이 찾은 상설시장의 마리당 6~8만 원에 비하면 엄청나게 저렴한 가격이다.

아내의 입술이 단단히 잠겼다. 망설이고 있다는 뜻이다. 한 상자를 사는 것이 계산적으로는 크게 이득이지만, 손질과 보관이 문제다. 소비량이 많은 식당과는 달리 가정집엔 또 적당량이

내장이 조금 터진 사지갈치

필요하다. 비로소 소분해서 판매하는 노점의 중요성을 실감하게 됐다.

보고 듣는 것이 많아지면 당연히 지혜가 붙고 기회가 생긴다. 얼마 후 경매에서 나온 B급 상품 즉 파품도 유통되고 있음을 알게 됐다. 파품은 내장이 조금 터지거나 비늘이 벗겨진 것으로 원하는 만큼 나눠 살 수도 있다고 했다. 하지만 늘 나오는 것이 아니기에, 아내는 능숙한 제주 사투리로 중간 상인의 전화

파품 갈치 나왔수다, 혼저 왕 상 갑써

번호를 얻어왔다. 그리고 길지 않은 날이 지난 후에 전화를 받았다.

"내장 호끔 터진 파지 갈치 나왔수다, 혼저 왕 상 갑써. (내장이 조금 터진 파품갈치 나왔어요. 빨리 와서 사 가세요.)"

오지에 육박하는 사지갈치, 길이도 족히 1미터는 넘는 것들이다. 박스를 반으로 나눴다. 그리고 8마리에 7만 원을 줬다. 이쯤 되면 거의 횡재 급이 아닌가?

서툰 손질에 애는 먹었지만, 갈치, 옥돔으로 냉동실을 채우고 나니 마음이 든든해졌다. 한동안은 손님이 찾아와도 끄떡없을 예정이다. 갈치는 구이나 조림으로 즐겨 먹지만 국을 끓여도 별미다. 갈칫국은 제주의 전통음식이다. 바쁜 아녀자들이 바다나 밭으로 나가기 전 대충 끓여 내놓은 것이 원조다. 레시피도 간단해서 냄비에 갈치와 호박을 썰어 넣고 끓인 후에 조선간장과 소금으로 간을 하면 끝이다. 이때 무나 배추를 그리고 땡초를 추가하면 더할 나위가 없다. 갈칫국의 맑은 국물은 해장에 그만이다. 비릿 칼칼함이 쳐진 속을 단련시켜 위벽을 팽팽하게 만든 다음 소주 한 병을 부르게 한다. 게다가 국물을 흠뻑 입은 갈치 토막은 다루기가 쉽다. 양 끝의 가시를 제거하고 살점을 분리한 후, 맨밥에 얹어 먹으면 구이와는 또 다른 부드럽고 은은한 식감과 맛을 경험할 수 있다.

얼마 전 표선에 있는 단골 평화미용실에 갔다. 머리를 손질하다 말고 누군가에게 걸려 온 전화를 받은 원장이 내게 물었다.

"혹시, 갈치 필요하세요? 아는 사람네 배가 갈치잡이를 나갔는데 칠지갈치 파품이 나왔다고 살 사람을 알아봐 달라고 하네요."

"얼마래요?"

"15만 원씩 한다고."

"대박!"

칠지갈치라면 너비가 어른 손바닥 이상이란 뜻이다. 두께는 또 어떻겠는가.

게다가 상자에 15만 원이면 좀처럼 구하기 힘든 가격이다. 곧바로 아내에게 전화를 넣었다.

돌아온 대답은 이랬다.

"냉동실에 제주항 갈치도 아직 많이 남았어."

파품 갈치 나왔수다. 혼저 왕 상 갑써

땅콩 아이스크림 사진 한 장 때문에

캠핑 장비를 챙기는 동안 내내 투덜거렸다. 불만의 주제는 '안 가도 되는데…'다.

이따금 제주 여행에 대한 기고 요청이 온다. 이럴 때는 갑절 이상 반갑다. 같은 원고료를 받고도 시간과 비용을 절약할 수 있으니 시쳇말로 개이득이다. 더구나 이번에는 우도란다. 전화를 받는 순간 쾌재를 불렀다.

사실 우도는 별다른 취재가 필요하지 않았다. 지난 15년간 백패커의 신분으로 최소 2년에 한 번씩은 들락거렸기 때문이다. 게다가 《대한민국 100 섬 여행》을 출간하기 전 샅샅이 뒤졌던 섬이기도 했다. 날로 써도 되는 글, 세상 빛을 보지 못한 사진도 차고 넘쳤다.

그런데 메일로 날아온 내용에는 나를 급 당황하게 만드는

캠퍼라면 누구든 탐하는 비양도 노을 뷰

대목이 있었다. 바로 '우도 땅콩 아이스크림'이다. 혹시나 하는 마음에 사진 폴더를 뒤져 봤지만, 있을 리 만무했다. 먹었던 기억이 없으니 말이다.

사진 한 장 때문이라고는 말하기 싫었다. 그래서 캠핑이나 다녀오자고 했다. 뜬금없는 제안에 눈이 휘둥그레진 아내. 그러고 보니 제주에서의 캠핑은 정말 오랜만이다.

여행자의 신분일 때는 우도로 들어갈 때 배낭을 짊어져야 했지만, 제주도민이 된 이후에 특권이 생겼다. 차량 입도가 가능해진 것이다. 그런 이유로 거리낌 없이 싣다 보니 차 뒷좌석과 트렁크가 가득 찼다. 쉘터, 침낭, 매트리스, 테이블, 체어에 술과 안주가 담긴 쿨러까지, 영락없는 오토캠핑 모드다.

제주에는 두 개의 비양도가 있다. 하나는 협재 앞바다의 비양도, 다른 하나는 우도 북동쪽에 딸린 작은 섬 비양도. 우도와 연도된 비양도에는 백패커들에게 성지로 불리는 천혜의 야영지가 있다. 경관보전지구에 속해있지만, 토지 소유주가 무상으로 땅을 내어놓은 데다 마을에서 화장실과 제반 시설들을 관리하기 때문에 누구에게든 자유로운 캠핑이 배려된다.

몇 년 전 캠핑 장비 대여업자가 이곳의 좋은 자리를 점유, 미리 텐트를 쳐놓고 영업을 했던 적이 있었다. 캠핑비가 무료인 점을 악용한 일종의 알박기였는데, 전국 백패커들이 들고 일어나 철수시켰을 정도로 비양도 야영지는 사랑과 관심을 받는 캠핑명소다.

비양도에는 바람, 바다, 현무암 덩어리가 산다. 그리고 일출과 일몰이 공존한다. 이곳의 태양은 망루 뒤편으로 오르고, 하고수동 포구 너머로 저문다. 야영지에는 구획이 없다. 어느 곳이든 있는 동안만큼은 나의 영역이다. 설영을 끝낸 캠퍼들은 바다와 텐트를 배경으로 사진을 찍는다. '나는 백패커다' 그리고 '지금 비양도 야영지에 있다' 라는 인증샷이다. 그러고선 인스타그램에 올린다.

#제주여행 #제주캠핑 #제주우도 # 비양도 #백패킹성지 #제주백패킹 #백패커

'백령에서 울릉까지'라는 타이틀 아래 우리나라 21개 섬을 연속 여행하던 시절이 있었다. 집 떠난 지 두 달이 다 되어갈 무렵, 우도는 20번째로 찾은 섬이었다. 당시 텅 빈 야영지에서 홀로 밤을 보내고 맞이한 아침은 그렇게 아름다울 수가 없었다. 푸르뤼한 바다에 너울거리는 갈치 배의 불빛, 스멀스멀 자라나 텐트까지 붉게 물들이던 여단의 기운은 벅찬 감동으로 안겨 왔다. 돌이켜보면 내 여행이 가장 빛나던 시절에도 비양도 야영지가 있었다.

우도는 제주도의 63개 부속 도서 가운데 가장 큰 섬이다.

연간 방문객 200만 명을 넘나드는 제주 여행의 으뜸 명소로 여객선이 성산항과 종달항에서 관광객을 실어 나른다. 우도는 천혜의 관광 인프라를 가지고 있는 섬이다. 검멀레 해변이나 우도봉, 홍조단괴 해변, 하고수동 해변 등 볼거리가 차고 넘친다. 우도의 해안도로 순환 구간은 11.3킬로미터로 제주올레 1-1코스(우도올레 13.2킬로미터)와 거의 일치한다. 도보로 둘러보기에 적당한 크기지만 해안도로 관광 순환버스나 미니 전기차, 스쿠터, 자전거 등을 이용해도 좋다.

천진항에서 비양동으로 가는 '마을 안길 순환버스'는 매시간 25분과 52분에 있다. 야영지로 가려면 이것을 타고 마을 안 정류장에 내려 조금 걸어야 한다. '마을안길버스'는 여행객들이 즐겨 이용하는 '해안도로 순환버스'나 '관광지 순환버스'와는 달리 마을과 마을을 잇는 일종의 농어촌 공영버스다. 이동하는 동안 운전기사의 이야기에 귀를 기울이면 쏠쏠한 여행 팁을 얻을 수 있다. '우도의 초, 중학교 학생 수는 60명, 면사무소 옆에 있는 봉구반점은 섬 주민들의 로컬맛집, 미용실 한 곳, 하고수동 앞의 치킨집은 11시까지 영업과 배달, 야영장 앞의 카페는 샤워비 5,000원'도 버스에서 얻은 정보다.

모처럼의 캠핑에 와인을 두 병이나 비웠다. 밤새 쉘터를 미친 듯 두들기던 바람 탓이거나 와인을 소주처럼 마시는 몹쓸 습관 때문이다. 라면을 끓여 속을 달래고 사진 한 장의 의무를 위

땅콩 아이스크림 사진 한 장 때문에

해 나서려는데, 마을에 사는 지인에게서 전화가 걸려왔다. 내용인즉슨 우리 집 지붕 위에 고양이 한 마리가 죽어있다는 것이다. 아내의 표정이 순간 굳어졌다.

"무슨 색이냐고 물어봐."

노란색이라는 대답에 아내는 금방이라도 울음을 쏟아낼 것만 같았다.

"마요인가봐."

아닐 거라고 달랬지만 내게도 불안감이 엄습해 왔다.

그런데도 땅콩 아이스크림 사진은 반드시 찍어야 했다. 성산항으로 나가는 배 시간을 확인하고 우도의 해안도로를 급하게 달리기 시작했다. 이른 시간이라 문을 연 카페나 아이스크림 가게를 찾기가 쉽지 않았다. 결국 우도를 한 바퀴 일주하고 다시 돌아온 하고수동의 한 카페에서 땅콩 아이스크림을 겨우 주문할 수 있었다.

차로 돌아가 아내에게 컵을 든 포즈를 부탁하고 싶었으나 입이 떨어지지 않았다. 아이스크림은 그냥 테이블 위에서 촬영하기로 했다. 카페의 2층 테라스에서 바다를 배경으로 몇 컷을 담았다. 마음에 들지 않았지만 상황이 상황이니만큼 어쩔 수 없었다.

이제 땅콩 아이스크림을 처리해야 할 차례다. 그냥 먹기도, 아내에게 권하기도 어려웠다. 잠시 망설이다가 뻘쭘해진 그것을 컵 홀더에 조용히 내려놓고 운전대를 잡았다.

배를 기다리는 시간, 성산항으로 가는 배 안, 다시 집으로 달려가던 동안 아이스크림은 속절없이 녹아 흘렀고 아내의 눈에서도 눈물이 흘렀다.

'만약에 죽은 고양이가 정말 마요라면 어떻게 해야 할까? 며칠간 밥도 안 먹고 펑펑 울 텐데…'

성산항에서 집까지는 불과 15킬로미터 떨어져 있다. 그런데 밟아도 밟아도 거리는 좀처럼 줄어들지 않았고 창밖의 풍경들조차 땅속으로 꺼져 가는 듯했다.

기어이 집에 도착했다. 무섭다는 아내를 남겨두고 먼저 들어가 확인을 해야 했다. 눈을 질끈 감아 뜨고는 올레를 통과해 지인이 얘기했던 목거리 지붕을 살폈다.

고양이가 보였다.

'마요다!'

잠시 좌절하려던 찰라, 뭔가 이상함을 느꼈다. 죽은 고양이 치고는 햇살에 비친 자태가 너무도 생생했다.

"마요!" 하고 크게 불렀다.

다시 "마요!"

더 큰 소리로 외쳤다.

그러자 마요가 벌떡 일어났다.

눈물이 핑 돌았다. 아무 일도 일어나지 않았던 탓이기도 했지만, 그보다 아내의 마음이 다치지 않은 것에 더욱 울컥했다.

땅콩 아이스크림 사진 한 장 때문에

지인에게 자는 고양이와 죽은 고양이도 구별 못 하느냐고 따지고 싶었다.

그런데 웬걸, 땅콩 아이스크림처럼 마음이 녹아내렸으니….

가끔은 제주 원도심, 첫 번째 이야기

제주 시내 나들이는 경기도민이었던 내가 강남이나 을지로로 나서는 일과 같다. 가까운 듯 멀고, 아는 듯 모른다. 서울이 그랬던 만큼 제주 시내도 변화하고 팽창했다. 그래서인지 신제주는 어디가 어딘지 당최 헷갈린다. 시내를 달리다 보면 20분 전 스쳤던 건물이 반대 방향에서 다가오기도 한다.

도민의 삶에 최적화되었다는 제스코 마트, 회원 가입을 해놓은 와인 창고, 그리고 아내가 다니는 치과는 모두 제주 시내에 있다. 집에서 시내까지는 차로 50분이다. 크게 부담되는 거리는 아니지만, 한 번 나가면 저녁이 되어야 들어오게 된다. 신제주에서 일을 보고는 습관처럼 원도심으로 건너가 싸돌아다니기 때문이다. 외딴섬처럼 오랜 제주의 정서를 그대로 간직하고 있는 원도심은 아내와 내겐 그래서 더욱 특별한 곳이다.

1980년대 이후 지금의 연동, 노형동을 앞세운 신제주가 생겨나기까지 제주시의 중심은 관덕정, 칠성로, 탑동, 산지천, 동문시장 일대였다. 현재는 원도심 혹은 구도심으로 불리는 이곳, 그 시절의 추억과 아련한 고집을 돌아보며 제주다움에 취해보곤 한다.

동문시장은 원도심의 시그니처다. 제주도에서 가장 크고 오래된 상설시장으로 1945년 해방이 되면서 생겨난 제주동문상설시장이 그 시초다. 그리고 현재의 모습을 갖추게 된 것은 1965년 '주식회사 동문시장' 건물이 준공됨과 때를 같이 한다. 동문시장은 주식회사 동문시장, 동문재래시장, 수산시장, 골목시장, 공설시장, 야시장, 새벽시장 등 총 7개의 시장으로 구성돼 있으며 12개 게이트를 통해 출입할 수 있다.

동문시장이 원도심에 형성된 까닭은 첫째 제주항 인근이며, 과거 동일주도로와 서일주도로의 종착 터미널이 있었기 때문이다. 오래전 제사나 잔치 때 쓸 신선한 생선을 사기 위해 성산이나 한림에서 버스를 타고 찾아온 곳이 바로 동문시장이다.

한겨울 수산시장 매대의 주인공은 옥돔이다. 분홍빛 당일바리(당일 조업해서 잡아 올린 생선)의 미끈한 자태에서는 광채마저 흐른다. 물론 생물 옥돔의 주 고객은 십중팔구 도민이다. 제주에서는 옥돔을 그냥 생선이라 부른다. 중간 크기라도 마리당 3~4만 원이나 하지만 잘 말렸다가 제숙으로 쓰기 위해 지갑을 연다. 그러고 보니 12,000원짜리 옥돔 백반이 수상하다. 식당에서 백반으로 상에 오르는 옥돔의 정체는 대부분 '옥두어'라 불리는 유사 어종이다. 맛과 모양이 흡사하지만, 옥돔에 비해 색이 비교적 희고 꼬리지느러미에 노란 줄무늬가 없다.

새벽에 잡아 왔다는 엄청난 크기의 은갈치와 일미 8만 원의 자연산 전복에 입맛을 다시다가 떡집 앞에 섰다. 밀가루로 만든 상외떡, 동그란 제주 송편, 기름떡 등과 더불어 조리된 나물과 잡곡밥, 고기 산적 등은 모두가 제례음식이다. 제과점에서나 볼 수 있을 법한 단팥빵과 큼직한 카스텔라도 눈에 띈다. 이것도 제사상에 올라간다. 먹을 것이 부족하던 시절의 풍습 때문이다.

동문시장의 주 고객은 관광객들이지만, 그 틈새마다 아랑곳없이 이어져 온 제주의 모습이 있다. 동문시장 포목점 골목 안에 있는 국숫집 동진식당과 금복식당은 각각 업력 58년, 56년의 노포다. 시장을 보고난 아주머니, 할머니가 버스 시간을 기다리며 한 그릇 배불리 채우던 그런 곳이다. 그래서인지 지금도 양만큼은 푸짐하다. 그리고 또 하나의 노포는 골목시장 안에도 있다. 메밀꿩칼국수를 주메뉴로 하는 이곳의 이름 또한 '골목식당'이다. 한 그릇 가득 담겨 나온 칼국수는 순도 100퍼센트의 메밀이다. 수저로 떠먹어도 될 만큼 뚝뚝 끊어진다. 게다가 꿩 살코기의 담백한 식감이 더해지니 그야말로 베지근할 수밖에

당일바리 생선을 살 수 있는 동문수산시장

육고기 마니아들이 좋아하는 서문시장

없는 맛이다.

　바야흐로 방어철이다. 2~3킬로그램 나가는 중방어라면 몰라도 대방어는 제주라고 결코 저렴하지 않다. 서귀포 등지의 시장이나 수산 마트에서 권하는 먹이방어는 맛은 있지만, 일본산 양식이라 찝찝하다. 그렇다고 매번 횟집에서 먹을 형편도 아니다. 겨울이 다가오자 대방어를 공급받을 별도의 루트가 절실해졌다. 그래서 수소문 끝에 알아낸 곳이 동문 수산시장 내 자갈치상회(자갈치활어직매장)다. 대방어 뱃살이 1킬로그램에 25,000원, 포장 후 집으로 가져가서 먹어야 하지만 이만하면 대만족일 수밖에.

　한때 제주 3대 해장국은 은희네, 미풍, 모이세로 통했다. 섬사람들의 쓰린 속을 달래던 이들 식당의 유명세는 관광객들에게까지 번져나가 체인점을 낼 만큼 대박의 시기를 보냈다. 현재 제주는 해장국의 춘추전국시대다. 소위 요즘 맛있다는 해장국의 순위에서 옛 이름들이 사라진 지 오래다. 중앙로 뒷골목에는 40년 전통의 '미풍해장국' 본점이 있다. 예전만큼은 아니라도 식사 때면 여전히 사람으로 북적인다. 또한 대로변의 '송림반점'은 제주에서 가장 오래됐다는 중국집이다. 주인이 한 번 바뀌었음에도 한번 먹을라치면 언제나 웨이팅을 해야 한다. 중화요리의 격전지로 불리는 제주에서 말이다. 그러고 보면 원도심에는 노포에 대한 존중이 있는 듯하다. 결코 음식 맛만으로는

가끔은 제주 원도심, 첫 번째 이야기

넘볼 수 없는 의리도 있다.

서문시장은 구도심의 경계에 있다. 규모와 명성에서 동문시장과는 큰 차이가 나지만, 은근히 많은 팬을 확보하고 있다. 정육점에서 고기를 산 후 시장 내 식당에서 구워 먹는 다분히 육지다운 시스템이 특징이다. 물론 상차림비로 1인 만 원을 내야 한다. '진경순대'는 서문시장에서만 55년 영업 중이다. 막창에 찹쌀을 넣어 만든 창도름 순대로 유명하며 제주 피순대를 선호하는 도민 단골이 많다.

'한아름 정육마트'는 서문시장의 터줏대감이다. 한우와 돼지고기의 회전이 빠르고 신선해서 로컬은 물론 관광객에게도 인기가 있다. 정작 주인은 알아보지 못하지만, 우리 부부 또한 단골이다. 제주에서 상시 육사시미를 떠갈 수 있는 몇 안 되는 곳이기 때문이다. 육지에 다녀올 때나 일 보러 나올 때, 서문시장을 들리면 저녁이 푸짐해진다.

치과에 갔던 아내에게 전화가 왔다.
"서문시장으로 갈까? 동문시장으로 갈까?"
육사시미와 대방어 둘 중 하나를 고르라는 뜻이다.
순간, 선택 장애가 발작했다. 그러고는 "알아서 사 와" 하며 얼버무리곤 전화를 끊었다.

아내가 돌아왔다. 그런데 비닐봉지가 두 개다.

또 망설이게 된다.

'무엇을 먼저 먹을까?'

명료한 아내는 육사시미와 대방어가 담긴 접시 두 개를 테이블 위에 올려놨다.

그런데 이럴 땐, 화이트와인을 마셔야 할까 아니면 레드와인?

가끔은 제주 원도심, 첫 번째 이야기

8
가끔은 제주 원도심, 두 번째 이야기

원도심은 아내가 태어나고 자란 곳이다. 처가 식구들과 함께 서울로 이주하기 전까지 20년을 살았다.

어린 시절, 아내는 목이 늘어난 오빠의 러닝셔츠를 입은 채 제주 북초등학교 교문 앞에서 엄마를 기다렸다. 아내의 엄마, 즉 장모님은 학교 선생님이었고, 매일 계 계주였으며, 새끼 회를 파는 식당의 사장님이기도 했다. 아내는 원도심을 벗어난 적이 거의 없었다. 기껏해야 관덕정, 칠성통, 산지천, 건입동을 누비며 추억을 쌓았다.

도민들에게는 관덕정은 만남의 장소로 통했다. 가만히 서 있기만 해도 지인이란 지인은 거의 만나게 되는 생활 동선의 기준점이었기 때문이다.

사실 관덕정은 고유명사가 아니다. 활터가 있는 관아 건물을 지칭하는 이름이다. 제주시의 관덕정은 현존 유일한 것으로 보물 322호에 지정돼 있다. 관덕정은 제주 역사에 있어 중요한 사건이 있을 때마다 그 중심에 있었다. 이재수의 난으로 300여 명 천주교인의 목숨을 앗아간 비극의 현장이며 4.3사건의 도화선이 된 1947년 3.1절 집회 또한 이곳에서 일어났다. 제주 최초의 시장(제주시 민속오일장의 시작)도 1905년 관덕정에서 열렸다.

관덕정은 관광객보다는 도민들이 많이 찾는 몇 안 되는 곳 중 하나다. 사람들은 마치 도시의 고궁처럼 경내를 거닐고 또 벤치에 앉아 사색도 한다.

이토록 잔잔한 누정에도 옛 제주를 들여다볼 수 있는 공간이 있다. 만경루 1층의 '탐라순력도 체험관'이다. 〈탐라순력도〉(보물 625-6호, 국립제주박물관)는 1702년 제주 목사로 부임한 이형상(李衡祥, 1653~1733)이 제주의 곳곳을 순찰한 후 남긴 채색 화첩이다. 16세기 당시의 자연과 생활 풍습 등을 그래픽패널 및 영상물을 통하여 살펴볼 수 있는데 의외로 재미있다. 마을, 돌담, 길을 품은 옛 제주가 한꺼번에 다가오는 느낌이 든다.

칠성로는 현재 제주도 도시재생 지원센터에서 북수구광장에 이르는 약 450미터의 골목을 일컫는다. 칠성로는 탐라 시대 있었던 '칠성단'에서 유래된 지명으로 끝에 통(通)을 붙였던 것은 일제강점기의 잔재다. 칠성로는 제주 최초의 백화점과 극장

노을이 곱게 내린 탑동광장

은 물론 양복점, 귀금속점이 늘어서 제주의 명동이라 불릴 만큼 번화했었다.

    80년대 브랜드 옷 가게, 고급 제과점과 커피숍, 레스토랑 등이 들어서면서 탑동 호텔가와 동문시장 등과 더불어 중심지로의 특혜를 누렸지만, 신제주의 등장과 함께 침체의 길로 접어들게 되었다. 하지만 최근의 칠성로는 제주 최대의 상점가가 조성되면서 젊은 도민들과 관광객의 발걸음이 점차 잦아지는 추세다. 또한 쇼핑, 문화, 역사가 어우러진 원도심의 중심 스폿으로의 역할 또한 단단히 다져가고 있다.

    산지천은 한라산에서 발원해서 제주항으로 흘러드는 하천

으로 칠성로의 우측 끝점, 동문시장의 맞은편에 자리하고 있다. 오래전 산지천은 제주 시민의 생활용수 공급원이었고 때론 빨래터의 역할도 했다. 그러나 1960년대 이후 산업화 영향으로 급속도로 오염되었고 결국 복개되기에 이른다. 이후 술집, 집창촌, 여관, 식당, 시장 등 서로 다른 삶의 북적임이 공존했던 산지천은 2002년 다시 뚜껑을 걷어내고 자연 하천으로의 모습으로 복귀했다. 또한 각고의 노력 끝에 현재는 맑은 물이 흐르고 각종 문화 행사가 열리는 도심 공원으로의 면모를 갖추게 되었다.

건입동은 좌로는 탑동 공원, 우로는 사라봉에 이르며 제주항을 오롯이 품고 있는 동네다.

건입동 관심 유발 조직의 행동대장은 뜬금없는 동태탕이다. 육지에서 흔하디흔한 것이 동태탕인데 '굳이 제주까지 와서?'라고 반문하는 사람도 있겠지만 모르는 소리다. 로컬은 물론 입맛이 까다롭다는 10년 차 제주 이주민(서울 것, 제주 것 다 먹어봤다는)들에게 마저 폭발적인 지지를 받고 있다. 슬기식당, 안전식당, 동서지간 등 꼴랑 식당 3곳뿐인데도 숙취를 꾹꾹 참았던 프로해장러들의 발길이 이어진다. 뚝배기에 넘치도록 담겨 나오는 내장과 살덩어리, 제주민만 눈치챌 수 있다는 된장 한 스푼이 절묘하다.

건입동에서 지나칠 수 없는 식당이 하나 더 있다. 제주산 부

가끔은 제주 원도심, 두 번째 이야기

부부가 운영하는 돈물국수는 찐 로컬들의 아지트로 유명하다

수저로 떠 먹어야 될만큼 뚝뚝 끊어지는 100% 메밀의 포스

부가 한자리에서 25년을 지켜온 노포 '돈물국수'다. 메뉴는 한 가지, 꿩 메밀국수뿐이다. 거기에 여름이면 검은콩국수가 추가된다. 제주는 전국에서 메밀생산량이 가장 많은 지역이다. 빙떡, 모멀만듸, 모멀죽, 돌레떡 등 전통음식은 물론이고 몸국이나 고사리 육개장에도 메밀을 넣었다. 꿩 메밀국수도 매한가지다.

돈물국수의 메밀면은 주인아주머니가 직접 반죽해 만든다. 밀가루를 섞지 않은 순도 100퍼센트인 데다 껍질을 최대한 제거하다 보니 인위적 찰기와는 거리가 멀다.

면 향은 고소하고 식감은 부드럽다. 또한 꿩을 푹 고아 낸 육수는 '국물에 진심이 담겼구나' 하고 생각될 만큼 진하고 담백하다.

돈물국수의 메뉴판에는 여전히 막걸리 2,000원, 소주 3,000원이라 적혀있다. 6개 남짓한 테이블이 고작이지만, 부부에게 욕심은 애초부터 없었다. 그저 내 음식을 먹어주는 이들이 고마울 뿐이다.

엄마 대신 일수 수첩에 도장을 받아오고 친구들이 과자를 사 먹을 때 과일 가게를 기웃거렸던 아내는 지금 내 곁에 있다. 오늘도 원도심을 걸으며 그 시절의 얘기를 한다. 아마도 100번쯤 되었을까? 난 매번 반응하고 귀를 기울인다. 오래된 그림 속에 함께 있었던 것처럼 정겹고 친근하다.

산지천이 바다로 접어드는 끝자락에 공원 하나가 나타났다.

가끔은 제주 원도심, 두 번째 이야기

산짓물공원이다. 화원을 가득 채운 빨갛고 노란 튤립, 앞서가던 커플이 걸음을 멈추더니 휴대폰을 꺼내 들었다. 서쪽 하늘이 발갛게 달아오르기 시작했다. 평화로운 전경의 일부가 되어가는 느낌이다.

탑동광장으로 나서자 '서부두 명품 횟집 거리' 간판들이 눈에 들어왔다. 최소 20년에서 50년의 업력을 자랑하는 노포들이다. 한때는 비싼 가격에 도민과 관광객에게 외면을 받기도 했지만, 자정 운동을 통해 다시금 명성을 찾아가는 중이다.

문득 한 잔 생각이 간절해졌고 잠시 후, 아내와 나는 횟집 2층 창가에 앉아 촉촉이 저무는 제주 원도심의 하루를 보았다.

2장

여름에서 가을로 건너갈 때

8
대동강 초계탕

'전라북도 관광 마케팅 지원센터'에서 주관하는 어청도 팸투어 때 일이다. 참가자 중에는 문화일보 박경일 기자가 있었다. 평소 그의 여행 기사를 좋아하던 터라 가깝게 지낼 기회를 엿보고 있었는데, 운이 좋게도 룸메이트가 됐다.

여행 이야기, 사는 이야기가 술술 풀려갔던 것은 아마도 격의 없는 그의 성격 때문이었을 것이다. 제주도 성읍민속마을에 살고 있다는 말에 눈을 동그랗게 뜨며 그가 물었다.

"표선이 가깝잖아요. 혹시 평양냉면 드셔보셨어요?"

금시초문이었다.

최근《내밀한 계절》이라는 여행 에세이를 펴낸〈이데일리〉강경록 기자와는 필리핀 출장을 함께 다녀왔다. 그에게도 제주 성읍에 살고 있다고 했다.

"표선에 끝내주는 평양냉면 식당이 있는데, 가보셨어요?"

박경일 기자와 강경록 기자가 서로 다른 자리에서 극찬했던 식당의 이름은 '대동강 초계탕'이다. 나중에야 알게 된 일이지만 두 사람은 당시 동행중이었고, 더욱 기막힌 우연은 그날 오후 승효상 건축가를 취재하던 많은 사람 속에 그들과 내가 함께 있었다는 사실이다.

처음으로 대동강 초계탕을 찾아간 것은 2년 전 여름이다. 식당은 표선과 남원 사이 일주동로 변에 있었다. 외관은 특별할 것이 없었지만 내부는 꽤 인상적이었다. 특히 조리실이 노출돼 재료와 도구, 손놀림까지 들여다볼 수 있었는데, 음식에 대한 자신감을 읽을 수 있는 대목이었다.

평양냉면과 초계막국수를 주문했다. 그런데 잠시 후, 양념 돼지구이와 백김치가 테이블 위에 앞장서 올랐다.

'오, 이건 뭐지?'

짐짓 갈등했던 선주先酒의 방식은 예기치 않은 찬의 등장으로 쉽게 해결됐다. 짭조름한 양념이 바삭하게 밴 양념구이는 맛도 있었지만, 양도 적당했다. 기분 좋은 애피타이저. 접시와 소주 반병이 딱 비워졌을 때 평양냉면과 초계탕이 나왔다. 투명한 육수 바다에 섬처럼 떠 있는 메밀면을 마주하니 반가움이 앞섰다.

'제주, 그것도 표선에서 평양냉면이라니.'

국물을 한 모금 들이켰다. 슴슴함을 각오했지만 일찍이 경

대동강 초계탕

대동강 초계탕 이정옥 사장

대동강 초계탕의 독특한 평양냉면

험했던 노포들과는 다른 독특한 풍미가 느껴졌다. 한약재가 들어갔음 직한 육수 향은 깊고 진했으며 그 재료는 오히려 부드럽게 어울려 한 맛처럼 느껴졌다. 면 뭉치의 해체 작업도 간단했다. 고명을 침수시킨 후, 젓가락으로 두어 번 저어내자 순식간에 풀어졌다. 생면의 신선함 때문이다. 과하지 않은 쫀득함이라니, 내공의 정체가 더욱 궁금해졌다.

대동강 초계탕의 이정옥 사장은 탈북민이다. 교포인 남편 심명국 씨와 중국에서 만나 결혼한 후 2008년 제주에 둥지를 틀었다. 이 사장은 북한에 있을 때부터 음식솜씨 좋기로 유명했다.

고향인 함경북도 천진에서는 그녀가 만든 손두부와 소주를 먹어보지 않은 사람이 없을 정도였다. 그녀가 함흥냉면이 아닌 초계탕과 평양냉면을 주메뉴로 하는 식당을 연 것은 나름의 이유가 있었다. 어릴 적 외갓집이 있던 신의주에서의 기억 때문이다. 그곳에서는 대소사가 있을 때마다 냉면을 만들어 먹었는데, 그녀는 외할머니 곁에서 자연스레 음식을 배울 수 있었다.

그녀는 초계탕으로 먼저 인정을 받았다. 2017년 '채널 A'의 〈이제 만나러 갑니다〉의 북한 음식 경연에 참여하여 대상을 거머쥔 것이다. 당시 심사위원이었던 이연복 셰프는 그녀의 초계탕을 맛본 후 "말로 표현할 수 없이 끌리는 맛, 누가 먹어도 싫다고 할 수 없는 맛"이라는 심사평을 남겼다.

내성적이던 아내의 인맥이 넓어진 배경에는 표선 목욕탕이 있다. 대동강 초계탕의 이정옥 사장 역시 목욕탕 멤버라 아내와는 언니, 동생 하는 사이다. 아내의 힘을 빌려 그녀에게 냉면 육수의 정체를 물었다.

"본디 평양냉면은 소고기 달인 물에 동치미 국물을 섞어 육수로 썼어요. 그런데 그런 귀한 냉면을 어디 서민들이 먹을 수 있어야죠. 북한에서는 하루 한 끼 꼭 면을 먹습니다. 그리고 냉면은 여전히 대중적인 음식이에요. 보편적인 평양냉면에는 소량의 소고기에 돼지고기, 닭고기를 섞어 만든 육수가 들어갑니다."

이정옥 사장 또한 현재 북한의 서민 레시피를 존중한단다. 대신 호불호가 있는 닭고기를 제외한 소고기와 돼지고기로 육수를 낸다. 그것에 소금과 간장으로 약 간을 하고 감초, 대추, 계피 등 한약재를 끓여 넣는다니, 비법까지는 아니어도 풍미의 진실이 어느 정도는 밝혀진 셈이다.

면은 40퍼센트 메밀가루를 직접 반죽한 후 기계로 뽑는다. 탱탱한 식감과 편안한 속을 위해 일체의 첨가물을 넣지 않는다고.

대동강 초계탕은 제주에 살며 입맛이 까다로워진 나의 흔치 않은 단골집이다. 그런 이유로 수없이 오가며 초계탕은 물론 온반, 만두, 닭무침, 메밀전까지 대부분 메뉴도 두루 섭렵했다. 모두가 이정옥 사장이 직접 솜씨 부린 음식들로.

    진심 '말로 표현할 수 없이 끌리는 맛, 누가 먹어도 싫다고 할 수 없는 맛'을 갖췄다.

∞
분위기에 녹아드는 맛집 취향이라니

 서울에서 내려온 지인들을 집으로 초대해 밤이 깊도록 술을 마셨다. 평소 음주를 즐기는 친구들이 아니었지만, 재회의 반가움에 시간 가는 줄을 몰랐고 그러다 보니 각자의 여리한 주량을 크게 넘어버렸다.
 해가 중천에 떴다. 문득 그들의 상태가 궁금했는데 아니나 다를까 마당에서 마주친 표정들은 하나같이 잔뜩 일그러져 있었다. 과음에 의한 속쓰림의 증세다. 해장을 갈구하는 그들에게 감동적인 국물을 베풀고 싶었다. 마침 꼭 한번 방문하려 벼르고 있던 매운탕 집이 생각났다. 일 년을 제주에 머물며 숨겨진 맛집을 세상에 꺼내놓는 재미로 살았다는 모 기자의 추천 식당이다.
 "우럭 지리를 꼭 드셔보셔야 해요."

'정미네 식당'은 삼달리 바닷가 주어코지 바로 앞에 있었다. 아침도 점심도 아닌 어중간한 시간, 창문을 넘어 들어와 텅 빈 테이블에 누운 하얀 햇살이 감미로웠다. 해장을 빌미로 다시 취하기 딱 좋은 분위기다. 홀 한 켠에서는 나이 지긋한 어르신이 홀로 제육볶음을 앞에 놓고 소주를 들이키고 계셨다. 해산물을 취급하는 식당에서 고기반찬이라니. 이런 만행을 저지를 수 있는 사람은 주인의 가족 아니면 빚쟁이, 둘 중 하나다.

메뉴판에는 다금바리가 13만 원이라 적혀있었다. 물론 킬로그램당이지만 제주의 일반 횟집에서 20~25만 원을 받는 것과 비교하면 엄청나게 싼 가격이다. 잠깐의 의심은 그 옆에 적혀있는 '선주가 직접 잡은 자연산 당일바리'라는 설명에서 급히 신뢰로 전환됐다.

'그렇다면 어르신의 정체는 선주인가?'

실례를 무릅쓰고 여쭤보니 빙고란다. 밤새 바다에서 고기를 잡고 아침에 돌아와 비로소 즐기는 한적함이라나. 잡아 온 고기는 아들이 다듬고 부인은 음식을 만들어 내는 온 가족 동반 분업 시스템이다. 임무를 마친 자의 표정은 부드럽고 여유로웠다. 그리고 가족과 손님들 앞에서 제육을 즐길 만큼 당당하기도 했다. 다금바리가 저렴한 이유도 물었다. 당연히 직접 잡은 거라 싸게 팔 수 있다고 했다. 팔다가 남은 것은 주변 횟집에도 공급한다니 일종의 도매 역할도 하고 있다고.

우럭지리, 매운탕을 각각 3인분에 옥돔구이를 추가해 주문

분위기에 녹아드는 맛집 취향이라니

삼달리 바닷가
주어코지에 있는
정미네식당

술안주로 더욱 좋은
우럭매운탕과
옥돔구이

육수반 우럭반의 칼칼한 지리탕

했다. 얼마 후 커다란 냄비가 가스레인지에 올랐고 서서히 끓기 시작하며 침샘을 무자비하게 자극해 왔다. 보글거리는 육수와 갖은 채소에 몸을 숨긴 녀석은 두말이 필요 없는 붉은색의 자연산 우럭이다. 그리고 옥두어가 아닌 순수혈통의 옥돔이 등장했다.

"여기 한라산 순, 한 병만 주세요."

버텨낼 재간이 없었다. 일단 담백 칼칼한 지리 두세 수저로 속을 달랜 후 소주 한 잔 털어 넣고 얼큰한 매운탕 국물로 마무리. 이를테면 '선지후매'(선 지리, 후 매운탕)인 셈이다.

지인들과 헤어져 집으로 돌아오는 길에 아내에게 물었다.

"맛있었지?"

그런데 묵묵부답이다.

동의할 수 없다는 뜻이다.

"왜, 난 좋던데. 별로였어?"

재차 묻자 비로소 입을 열었다.

"매운탕과 지리탕은 예상하던 딱 그 맛이더라고. 그리고 내가 잡채를 좋아하잖아. 반찬으로 나와서 반가웠는데, 막상 먹어보니 별로였어. 당면도 조금 불어있는 것 같았고."

괜히 섭섭했다. 맛집 리스트에 올려놓고 두고두고 찾아가려던 계획이 머쓱해진 것이다.

지훈이는 구독자 3만의 〈스티브잡부〉 채널을 운영하는 제

분위기에 녹아드는 맛집 취향이라니

주 맛집 전문 유튜버다. 그 역시 육지 출신이다. 10년 전 아내 윤남이와 제주로 내려와 조천의 구옥을 매입, '제주안뜰'이라는 게스트하우스를 차렸고 사랑스러운 딸 윤진이도 낳았다.

그가 유튜브를 시작한 것은 5년 전 일이다. 처음에는 다양한 제주 이야기, 그다음에는 제주 현지민들의 백반집을 주요 소재로 다루다가 제주 맛집으로 스탠스를 넓혔다. 취미 삼아 하던 일에 열정을 쏟으니 재미도 생기고 구독자도 대폭 늘었다. 레이 전기차를 차박용으로 개조하고 제주 전역을 누비며 맛집 투어를 이어가는 모습을 보면 대단하단 생각이 들곤 한다.

제주살이가 익숙지 않았던 시절, 그가 추천하는 식당을 찾아다니며 꽤나 만족을 느꼈다. 어디를 가든 고기와 생선이 동시에 나오는 제주 백반은 최고의 가성비를 자랑한다든지, 해장국만큼은 전국 최고 수준이라는 그의 주장에도 주저 없이 동의했다.

그런데 요즘은 반기를 드는 횟수가 늘었다. 유튜브를 보며 맛이 없을 것 같다며 근거 없는 핀잔을 날리거나 그가 소개했던 식당을 다녀온 후에는 이런 수준은 육지에 널렸다며 내심 깎아내렸던 적도 있다. 좋게 이야기하면 그간의 제주살이 학습 때문이기도 하지만, 궁극적인 원인은 꼰대 세포가 급격히 증가한 탓일 게다.

그래도 그의 정보는 유익하다. 꼭 가보라고 하는 식당은 여전히 만족도가 높은 게 사실이다. 어쩌면 수많은 식당과 음식을 섭렵하는 동안 맛집에 대한 그의 기준도 더욱 깐깐해지고 한결 높아졌을 테니까.

정미네 식당의 우럭 지리는 술 마신 다음 날이면 가장 먼저 떠올리게 되는 해장탕이다. 지훈이처럼 많은 경험치가 없기에 더더욱 맹신 중이다. 아내의 냉정한 평가에도 흔들림이 없다. 그런데 정미네 식당을 애정하게 된 데는 단순히 지리탕의 시원함만 있는 것은 아니다.
창밖으로 새어든 아침 햇살, 어르신의 여유와 넉살, 수북이 쌓인 당일바리 생선의 신선함에도 끌렸다.
그러고 보면 분위기에 먼저 녹아드는 맛집 취향이다. 느끼고 감동할 이유를 원한다. 그리고 스토리까지 있다면 더욱 좋겠다. 제주에 살며 종종 만나게 될 그곳들에 미리 설레본다.

얼마 전 목욕탕을 다녀온 아내가 뜻밖의 소식을 전해 줬다. 정미네 식당 어르신이 지병으로 돌아가셨다는 것이다. 사실 얘기도 몇 번 나눈 적이 없었지만, 가까운 사람을 잃은 듯 마음이 아려왔다.
"그 어르신이 바닷일을 하면서 고생을 참 많이 하셨대."
소주잔을 앞에 놓고 농을 건네던 모습이 생각났다. 햇살처럼 평화롭던 미소도.

분위기에 녹아드는 맛집 취향이라니

'어르신, 하늘나라에서는 맛있는 것 많이 드시고 좋은 구경 하시면서 사세요. 그리고 캄캄한 밤에는 바다에 나가지 마시고요.'

터무니 있는 그곳 모슬포, 첫 번째 이야기

대정읍은 제주도의 가장 서쪽 지역이다. 사람들은 이곳을 통 쳐서 '모슬포'라고 부른다.

사람들은 지역명을 풍자해 부르기를 즐겼다. 모슬포에서 돈을 빌리면 '갚아도(가파도), 말아도(마라도) 좋다'라든지, 바람이 많이 불어서 '몹쓸포', 또 먹고살기 힘들어 '못살포'라는 식이다.

이름 따라간다고 했던가? 그러고 보니 모슬포의 근현대사는 참으로 억울했다.

일제강점기와 한국전쟁을 겪으며 많은 수탈, 징발, 노동력 착취 그리고 학살을 겪었다. 그런 이유에서 알뜨르비행장, 일본군 지하벙커, 해안 동굴 진지, 예비검속 학살터, 포로수용소 유적 등의 흔적이 있는 모슬포는 '다크 투어리즘Dark Tourism의 성지'라는 또 다른 부제를 얻었다.

건축가 승효상 선생을 처음 만난 것은 제주 롯데리조트 아트빌라스의 개관 10주년 기념 프로그램에서였다. 그가 직접 도슨트가 되어 제주의 역사와 문화 그리고 그 속에 담긴 그의 작품들을 돌아보는 일정에 따라나선 것이다.

　그가 가장 먼저 일행들을 안내한 곳 또한 알뜨르비행장이었다. 중일전쟁 당시 전투기의 중간 기착지로 건설된 알뜨르비행장은 모슬포 주민의 눈물과 한이 서려 있는 현장이다. 그들은 삶의 터전을 빼앗기고 강제노역에 끌려가 말할 수 없는 고초를 겪었다.

　승효상 선생은 난징대학살의 배후 거점이 되어버린 광활한 대지가 시대와 역사를 증언하고 있다고 설명했다.

　"터에는 본디 무늬가 있습니다. 과거의 무늬에 현재의 무늬를 접목하여 후손에게 물려 주는 일이 건축가의 임무죠, 알뜨르비행장에 있는 19기의 격납고도 그런 의미에서 보존 가치가 있는 것이고요."

　최근 알뜨르비행장 부지에 '평화 대공원'이 들어설 것이란 소식을 들었다. 본디 국방부 소유의 국유지를 제주도가 10년씩 무상임대 후 갱신 조건으로 사용하게 되면서 급물살을 탄 것이다.

　총 571억 규모의 사업에는 3층 규모의 전시관을 포함해 관람로, 광장 등이 조성될 계획이란다. 그러나 일부에서 알뜨르의 경관 훼손과 난개발에 대한 우려가 있는 것도 사실이다. 어떤

이들은 공원보다는 '평화'라는 메시지에 집중했으면 하는 바람을 내비치기도 한다.

변화의 순간에서 승효상 선생이 얘기했던 터무늬의 의미를 다시 한번 곱씹어보게 됐다.

모슬포는 추사 김정희가 1840년부터 1848년까지 약 9년간 유배 생활을 했던 곳이다.

2007년 김정희 적거지가 사적으로 지정된 후 2010년 제주 추사관이 지어졌다. 물론 승효상 선생의 작품이다. 그는 처음 설계를 의뢰받았을 때, 모슬포의 작은 동네에 500평의 큼지막한 건물을 짓는 것이 꽤나 어색했단다. 20여 평의 가옥들이 옹기종기 만들어 낸 집합의 아름다움을 깨고 싶지 않았기 때문이다. 그래서 결국 전시실은 지하로 밀어 놓고 지상의 공간은 비워두기로 했다. 추사의 세계를 읽은 탐방객이 위로 올라와 스스로 공간의 주인이 되어 스스로를 사유하고 성찰할 수 있기를 바랐다. 추사체와 〈세한도〉라는 걸작이 만든 추사의 삶과 결맞도록 건물도 벽과 지붕에 충실한 가장 기본적이고 단순한 형태로 설계했다.

추사관의 동쪽 벽에는 동그란 창이 하나 있다. 내부에서 보면 창 속에 소나무 한 그루가 들어 있는 광경이 연출된다. 탐방객 누구나 〈세한도〉를 연상하지만, 정작 승효상 선생은 본인의 의도가 아니라고 했다. 오히려 정원에 잔디 대신 토종 억새를

창 너머 푸릇한 제주가 엿보이는 추사관

심었다. 그런 이유로 지하와 지상 사이 경계의 창 너머 계절에 빛나는 제주가 펼쳐지곤 한다.

모슬포에 갈 때는 되도록 1, 6일에 맞춰간다. 대정오일장이 열리는 날이기 때문이다. 오일장은 나들이 코스로도 그만이다. 저렴한 지출로 눈과 입이 호강하는 알뜰함을 갖췄다. 대정오일장은 제주 서부 지역에서는 제일 큰 시장이다. 규모로 보면 제주시 오일장, 서귀포 오일장 다음쯤 된다.

대정오일장은 시작은 한국전쟁 당시로 거슬러 올라간다. 당시 육지를 떠나온 피난민 수는 15만 명에 이르렀다. 교통이 불편한 제주도에서 오일장은 피난민들과 현지 주민에겐 식량과 생활필수품을 구할 수 있는 게 많지 않은 기회였다. 장이 열리는 날이면 인산인해를 이뤘고 가축 거래까지 이어져 모슬포 전역이 난리통을 이뤘다. 대정오일장은 이후 몇 번의 자리 이동 끝에 1983년, 모슬포항에 자리를 틀었다.

대정오일장에 갈 때마다 들리는 곳이 있다. '자매식당'이다. 이곳의 자랑은 무려 12가지 맛을 자랑하는 꼬마김밥이다. 김밥은 맛살, 어묵, 오징어포, 참치, 돈가스, 너비아니, 햄, 고기, 야채, 땡초 등 메인재료에 따라 이름이 달라진다. 취향에 따라 골라 먹을 수 있다는 점도 좋지만, 광장시장의 마약김밥이 부럽지 않을 만큼 맛이 좋다. 식당의 안쪽 주방에서는 아주머니 두 분이 부지런히 김밥을 말아낸다. 능숙한 솜씨다. 꼬마김밥은 즉석에서 만들어내는 데다 재료의 순환이 빨라 신선하고 건강하다.

대정오일장에는 간식거리도 많다. 꽈배기와 도넛은 물론이고 꼬치와 튀김이라도 먹으려면 줄을 서서 기다려야 한다. 그중에서도 삶은 돼지머리와 내장을 파는 매대 앞에서는 좀처럼 발걸음이 떨어지지 않는다. 귀, 허파, 간, 껍질, 순대의 자태가 매혹적이다. 한 팩에 5,000원, 두 팩을 사면 3,000원어치를 서비스로 준다.

시장 내에는 300여 개의 점포가 있다. 옷가게, 신발가게,

터무늬 있는 그곳 모슬포, 첫 번째 이야기

기름집, 잡화점 등 재래시장의 라인업을 골고루 갖추고 있다. 특히 그중에는 수산물 가게가 압도적으로 많다. 길게 이어진 매대는 마치 공동판매장 같은 느낌마저 든다. 생물 생선값은 제주의 오일장 중에서 가장 싸다. 모슬포항이 지척이고 항구를 드나드는 어선만도 수십 척이 넘으니 어쩌면 지극히 당연한 일이다. 생물 생선이 끝나면 건어물 차례다. 길이 50미터 정도 되는 길쭉한 어포의 정체는 갈치다. 갈치포는 간장과 함께 조리거나 기름에 살짝 튀기면 맥주 안주로 그만이란다.

    대정오일장을 나올 때 양손에는 튀김과 찹쌀도넛, 머릿고기, 갈치포를 담은 봉지가 들려 있었다. 한잔하기 딱 좋은 안주들이다. 막걸리로 시작한 술자리가 소주를 거쳐 맥주까지 이어졌다. 머릿고기는 어찌나 양이 많은지 한참을 먹고도 반이나 남았다. 배가 터져버릴 듯 불러왔지만 갈치포를 두고 멈출 수는 없었다. 들기름에 살짝 튀겨 구운 갈치포가 침샘을 두드린다. 맥주를 연거푸 들이켜게 했던 그 맛의 정체를 알았다.
    미묘한 비린내!

터무니 있는 그곳 모슬포, 두 번째 이야기

모슬포, 그러니까 대정에 아는 사람이 있다. 엄밀히 말하면 지인의 처남으로 술 한잔하며 알게 된 사이다. 그는 제주에 일 때문에 내려왔다가 자의 반 타의 반으로 발이 묶였다. 대정읍 동일리의 빌라 건축에 참여했다가 공사대금을 받지 못했기 때문이다. 결국 빌라 한 채를 점유한 채, 미수금을 월세 명목으로 까나가며 2년째 사는 중이다. 그는 분양이 끝나는 대로 남은 대금을 상환한다는 시행사의 이야기를 철석같이 믿고 있었다.

그의 집에서 하루를 보낸 적이 있다. 눈에 띄는 세간살이라고는 소파와 TV 그리고 냉장고가 고작이었다. 막 철수를 막 시작한 모델하우스 같은 분위기가 영 마음에 들지 않았다.

"내 집이 아니니 어정쩡할 수밖에요. 그래서 뭘 좀 사놓고 꾸미기가 그래요."

그를 따라 동네로 나섰을 때 작고 하얀 개 한 마리가 나타나 어정거렸다. "삼일아!" 하고 불렀더니 물끄러미 쳐다보고는 이내 골목으로 사라져갔다.

"이름이 특이하네."

"집 나간 지 3일 만에 돌아와서 삼일이래요."

바닷가 마을인 줄 알았던 동일리는 내륙으로 깊게 들어와 있었다. 마을 길은 밭 사이에 놓였다. 너른 땅은 농사로 쓰고 자투리 공간에 집을 내어 사는 듯했다.

"저 밭에 심은 것이 마늘인가?"

"마늘도 있고, 양파도 있고…"

여행자와 주민 사이에 동네 개와 마을 길이 있었다. 늘 마주치는 개, 대충 지은 이름, 감흥 없는 마을 길. 삶 속으로 들어와 앉는 존재가 많을수록 생각이 편안해지고 호기심이 옅어진다.

모슬포항에는 유명한 고등어 횟집들이 있다. 그중 하나는 과거 단골이었다. 고등어회도 기름지고 맛있었지만, 기본 찬으로 제공되는 제주식 돼지 산적 때문에 더욱 애정했던 곳이다. 덕분에 생선회 다음에는 반드시 고기를 먹어야 하는 몹쓸 루틴조차 알차게 채워지곤 했다.

2000년대 중반까지만 해도 제주도로 대표되는 고등어회는 모두 자연산이었다. 그런데 현재는 상황이 달라졌다. 통영 앞바다 욕지도에서 양식된 고등어가 제주도로 넘어온다. 수족관에

대정읍 동일리 2918번지 카페 감저

카페 감저 내부의 거대한 전분 기계

있는 생산지 표시에도 제주산이 아닌 국내산으로 되어있다.

순전히 돼지 산적 때문이었다. 그는 별로 내키지 않은 듯 보였지만, 내 고집에 따랐다.

횟집의 홀은 이상하리만치 텅 비어 있었다. 고등어회의 가격은 생각보다 비쌌고 바라던 돼지 산적은 메뉴에서 찾아볼 수 없었다. 그는 그럴 줄 알았다는 내색을 숨긴 채 씁쓸해하는 나를 위로했다.

"그냥 2차로 고기 드시러 가시죠."

등갈비를 먹었다. 두 병째 소주가 바닥을 보였을 때, "자주 가는 카페가 있는데, 커피 어떠세요?"라며 그가 물었다. 순간 메가커피나 빽다방 아니면 컴포즈쯤 될거라 짐작했다.

'어쩌면 내 여행에서 오늘 하루쯤은 지워도 되지 않을까?'

그가 안내한 곳은 마치 학교처럼 큰 건물이었다. 빌라 단지보다는 동일리 벌판과 훨씬 잘 어울려 보였다.

카페 '감저'는 옛 전분 공장을 리노베이션한 곳으로 부지만 무려 2,000평에 이른다. 과거 공장 운영주의 2세가 한동안 방치되었던 시설을 부인과 함께 10년 가까이 리모델링했단다. 부부는 옛 건조장 건물은 카페, 창고는 갤러리로 변신시켰다. 카페 내부는 매우 인상적이었다. 입구로 들어서니 천정까지 닿을 듯한 커다란 전분 기계가 우뚝 서 있었다. 수십 년은 되었을 기계의 역사는 카페의 가치를 상징하는 듯했다.

카페는 넓고 쾌적한 공간을 가지고 있으면서도 세심함이 돋보였다. 유리 벽 너머 시멘트 블록이 투박한 모습으로 남아있는가 하면 당장이라도 인부들이 달려들어 작업을 개시할 것 같은 공장의 시설물 또한 원형으로 노출돼 있었다.

카페 옆 건물의 타이틀은 '감저팩토리'다. 실제로 사용하던 기계와 장비가 고스란히 놓여있는 내부는 마치 박물관과 같은 느낌이 들었다. 김 대표는 감저팩토리가 화산석과 검은 모래로 시공된 건물이라 했다. 제주의 풍토를 고스란히 담고 있어 돌 건축물로도 가치를 인정받고 있다고.

고구마를 발효한 후 증류하면 95퍼센트 농도의 무수주정(알코올)을 얻게 된다. 일제는 제주도에 고구마재배를 강요했고 많은 주정 공장을 세웠다. 주정으로 항공기 연료로 쓰일 뷰탄올과 아세톤을 생산하기 위해서였다. 고구마 생산량이 많아지니 자연 전분 공장도 생겨났다.

일제가 물러간 뒤에도 한동안 제주도는 우리나라 고구마의 최대 생산지였다. 제주도에서는 고구마를 '감저'라 하고, 감자는 '지슬'이라 부른다. 1960~70년대까지만 해도 감저는 보리와 더불어 가장 중요한 작물이었고 벼농사를 지을 수 없는 제주민들의 겨울 식량을 대신했다.

1970년대 중반부터 농업구조가 서서히 감귤 중심으로 바뀌면서 감저의 재배면적은 상대적으로 줄어들었다. 그리고 1990

년대 들어 값싼 수입 전분이 시장을 차지하면서 제주의 전분 공장은 점차 모습을 감추게 된다.

카페 '감저'에 들어서는 순간 지워질 뻔한 여행이 찾아왔고 주인장 부부의 이야기를 들으며 여행이 깊어짐을 느꼈다.
"문화는 서서히 바뀌어 가는 것이 좋잖아요. 조금은 어려워도 상업적으로 매몰되지 않고 자연스럽게 느릿느릿 만들어 가려고요."

옛 전분 공장은 고양이가 지내기에 좋아 보였다. 10마리도 넘을 녀석들이 제집인 양 터를 잡고 있었는데 부인은 고양이에게 진심으로 대했다.

언젠가 아내와 함께 와서 고양이 이야기도 나누고 고구마라떼도 먹어야겠다는 생각을 했다.

웰컴 투 오조리

 김녕에서 시작해서 월정, 평대, 세화, 하도, 종달로 이어지는 해안도로가 성산 갑문에 다다를 무렵 스치게 되는 마을이 있다. 일출봉에 해가 오르면 가장 먼저 그 빛을 받는다는 오조리다.

 오조리는 나의 외가다. 부모님을 따라 서울로 이주하긴 전의 유아기를 외할머니댁에서 보냈다. 방학 그리고 성인이 되어 제주를 방문할 때도 오조리가 먼저였다.
 농도의 차이는 있지만, 시절 속의 오조리를 대부분 기억한다. 마을은 옛 모습에 비해 크게 달라진 것이 없다. 가옥들은 물론 골목길까지 거의 그대로다. 외갓집 담장 아래 둥근 바윗돌, 할머니 친구분의 점방, 수학 선생님이었던 아버지가 학교로 출근하던 길, 마을회관 앞의 연못까지 변함없이 남아있다.

드라마 '웰컴 투 삼달리' 세트장

　오조리가 일반 여행객들에게 알려지게 된 것은 '오조 해녀의 집' 전복죽이 유명세를 치르면서부터였다. 어촌계원들이 순번을 돌아가며 만들어 팔던 전복죽은 마을 해녀들이 직접 잡아 올린 자연산 전복을 재료로 했다. 지금이야 어렵지 않게 볼 수 있지만, 당시만 해도 마을 이름을 넣은 해녀의 집 간판은 신뢰의 표식이었다. 큼직한 사발에 가득 담겨 나온 전복죽은 정말이지 특별했다. 전복살도 넉넉했고 신선한 내장을 넣어 끓였기에 색은 노랗고 맛은 담백 고소했다.

오조리 서쪽 면의 일부는 좁고 깊게 만입되어 있다. 마을 사람들은 이곳을 '족지'라고 부른다. 오래전 주민들은 이곳에 있는 두 개의 용천수 물통에서 빨래와 목욕을 했다. 널찍한 것은 여자탕, 좁고 깊은 것은 남자 탕이다. 오조리는 용천수가 풍부하게 나는 마을이다. 족짓물을 포함해 물통이 12개나 있으니 가뭄에도 물 걱정은 없었다.

족지와 식산봉 사이에 놓인 270미터의 데크길은 옛 양어장 위에 놓였다. 큰보, 조근보로 불리는 여러 개의 돌둑은 1960년대 초반 마을 공동 소득을 위해 정부 지원을 받아 만든 시설이다. 의욕은 있었지만 결과는 신통하지 못했다.

그런데 오랜 세월 방치돼 왔던 양어장이 최근 우리나라의 17번째 습지보호 구역으로 지정됐다. 놀라운 반전이었다. 뱀장어, 숭어, 우럭이 떠난 자리가 희귀조류인 저어새, 물수리를 포함해 고니, 개리, 검은머리물떼새, 흰뺨검둥오리, 물닭, 물병아리 등의 서식 및 도래지로 변모했기 때문이다.

데크길 시작점은 오조리 인증샷 지점이다. 식산봉과 성산일출봉이 하나의 앵글에 쏙하고 들어온다. 이 길을 걸을 때면 마치 수면을 유유히 노니는 물새들처럼 무념무상에 빠지기 쉽다.

데크길이 끝나면 식산봉을 만날 차례다. 식산봉은 바오름이라는 이름을 가진 제주도 360개의 오름 중 하나다. 그런데 생김이 사방 어디에서 봐도 딱 삼각형이다. 전해오는 이야기에 따

웰컴 투 오조리

르면 고려, 조선시대에 걸쳐 왜구의 침입이 끊이지 않자, 한번은 노람지(띠로 짠 가마니)를 짜서 식산봉 전체를 덮었단다. 이를 본 왜구가 군량미가 쌓인 것으로 오인하고 물러갔다니 영락없는 마을의 수호신이었던 셈이다. 물론 이름도 그것에서 유래됐다.

식산봉 정상에는 전망대가 설치돼 있다. 무성하게 잎이 자란 나뭇가지 때문에 시야는 조금 가리지만, 45미터 높이에서 바라본 일출봉은 지상의 느낌과는 확연히 다르다. 저녁 무렵, 마을 뒤편으로 펼쳐진 노을을 만날 수 있다면 두 번째 인증샷을 찍을 차례다.

본디 성산일출봉은 육계도였다. '터진목'이라 부르는 육계사주를 통해 제주 본섬과 연결되고 떨어졌던 것을 일제강점기 말에 도로를 놓아 연륙하였다. 또한 갑문(한도교)이 놓이면서 오조리와 성산은 시야만큼 가까워졌다. 이는 식산봉 뒤편에서 성산까지 펼쳐진 온화한 바다가 내수면이 되었던 두 가지 이유다.

내수면에 물이 빠지면 제주 유일의 갯벌이 드러난다. '통알밭'이라 부르는 이곳은 조개바당이다. 이른 여름부터 초가을까지 바지락을 캐는 주민과 관광객의 모습을 심심치 않게 볼 수 있다.

식산봉에서 마지막 돌둑을 건너가면 오조포구가 나온다. 오조리는 선박 제조 기술로 꽤 알려진 마을이었다. 오조 해녀들의 실력이 뛰어났던 것은 이와 무관하지 않다. 마을에서 제조한 선박을 이용, 뱃물질로 해산물을 채취했으니 활동 범위와 수확물의 양이 타 마을의 추종을 불허했을 것이다. 포구에는 과거 고깃배를 제조했던 석축이 길게 남아있다.

오조포구에는 돌창고가 하나 있다. 그런데 이곳이 무척 핫하다. 몇년 전 모 방송국에서 방영됐던 드라마 〈웰컴투 삼달리〉의 촬영지이기 때문이다. 주인공 삼달이와 용필이가 일회용 카메라를 샀던 '럭키편의점이' 바로 이곳이다. 물론 현재는 세트장이 모두 철거되고 본래의 모습으로 남아있는 상태다. 하지만

식산봉으로 향하는 수상 데크길

드라마의 여운은 오래 남는 법, 세 번째 인증샷 포인트다.

오조리는 재미있는 마을이다. 그래서 찾아가는 이유도 그때그때 다르다.

그중 하나는 '국풍'인데, 편의점 하나 없는 시골 동네에 생뚱맞게 들어선 중국집이다. 그런데 촌스러운 이름을 가진 이곳이 내겐 나름 맛집이다. 특히 깐풍기만큼은 원티어다. 조금은 매운 듯하지만, 바삭함이 식감이 아닌 맛으로 느껴질 만큼 소스와 튀김의 버무림이 각별하다.

그리고 무엇보다 손님 없는 홀, 원형 테이블에 앉아 낮술을 즐기는 호사도 누려볼 수 있다.

∞
트라우마를 날려버린 마라도 기행

비양도, 마라도, 가파도 등의 제주 부속 섬에 드론 배송이 상용화된다는 소식이 있었다. 선박이 운항하지 않는 물류 취약 시간대에 음식과 생활필수품 등을 배송하고, 그것에 더해 지역 특산물까지 역 배송한다는 내용이다.

드론의 영역이 일취월장했다. 농산물 운반과 농약 방제까지 맡아 내더니, 한 걸음 더 나가 작은 섬의 주민들도 치킨과 햄버거를 시켜 먹을 수 있는 세상을 열었다.

내게도 드론이 한 대 있다. 섬 여행에 동반해서 까마득한 장면들을 촬영해 볼 요량으로 산 것이다. 그런데 그것이 얼마 안 가 하강 중 나뭇가지에 걸려 고장이 나버렸다. 작동에 익숙하지 않았던 탓이다. 이런 걸 두고 트라우마라고 했던가? AS까지 받았지만, 다시 또 망가질까 두려워 꺼내 들고 나서기가 쉽지 않앉고 그러다가 없는 것이나 다름없는 물건이 돼버렸다.

그리고 몇 년이 지났다. 작은 섬으로의 드론 배송 소식은 희한하리만치 자존심을 톡톡 건드렸다. 치킨도 날아다니는 세상이라는데, 남들 다 하는 건데, 새로 사야 하는 것도 아닌데 말이다. 그래서 결심했다. 이번에 망가지면 진짜 버리는 거로.

목적지를 마라도로 정한 데는 여러 가지 이유가 있다.

첫째, 섬에 나무가 없으니 그나마 드론이 가지에 걸려 떨어질 일이 없을 것이다.

둘째, 마지막 방문한 것이 2021년 여름인데, 재단장한 등대를 아직 실물로 영접하지 못했다.

셋째, 수없이 마라도를 가 보고도 아직 짜장면을 먹어보지 못했다는 것 등이다.

조정기와 동체 그리고 배터리 팩을 완충하고 파우치에 넣었다. 늘 가지고 다니는 카메라까지 패킹하니 가방이 더욱 묵직해졌다.

산이수동 선착장에서 마라도까지는 여객선으로 약 30분 정도 소요된다. 섬 내에서의 공인된 체류 시간은 약 1시간 30분 정도지만, 매표소에 얘기해 나오는 배 시간을 조정했다. 드론도 띄우고 짜장면도 먹으려면 넉넉잡아 두 배의 시간은 더 필요했기 때문이다.

드론으로 촬영한 자리덕 선착장

　마라도는 순상화산체다. 섬에 도착했을 때 가장 먼저 해안 절벽이 시야에 들어오는 것도 그런 이유다. 그래서 돌계단을 밟고 몇 걸음 올라섰을 때 비로소 광활하고 편평한 초지대를 만나게 된다.

　마라도는 가파도보다도 작다. 면적이 0.3제곱킬로미터에 불과해서 생각 없이 걷다 보면 어느새 제자리로 원점 회귀하게 된다. 하지만 지극히 남성적인 섬이다. 바다의 어떤 공격에도 끄떡없이 버텨낼 것 같은 단단함을 지녔다.

　오래전 마라도는 원시림이 빼곡했고 함부로 입도할 수 없는 곳이라 하여 '금섬'이라고 불렸다. 그러던 150년 전, 제주 목사

트라우마를 날려버린 마라도 기행

절벽 끝 마라도 등대가 아스라이 보인다

의 허락을 받은 초기 정착민들이 경작지를 마련하고자 숲을 태워 없앤 후 현재의 모습까지 이어지게 된 것이다.

    섬에 들어선 관광객들은 할망당, 분교, 성당 그리고 등대 앞에서 차례대로 발걸음을 멈춘다. 할망당은 '애기업개당'으로도 부른다. 애기업개는 아기를 돌보는 처녀로 물질 후 모슬포로 돌아가지 못하고 마라도에 홀로 남겨져 죽었다. 바다가 거칠어지자 해녀들의 안전한 뱃길을 위해 앞길 창창한 청춘을 희생양으로 삼았다는 몹쓸 이야기다. 그래서 그녀의 넋을 기리는 이곳의 처음 이름은 '처녀당'이었다.

가파초등학교 마라도 분교는 9년째 휴교 중이지만, 아직 폐교 계획은 없다. '국토 최남단 학교'라는 상징적 의미 때문이며 언제든 학생이 입학하면 다시 문을 열 계획이다.

마라도 성당은 관광객들이 가장 좋아하는 스폿이다. 외관은 문어와 전복 그리고 소라를 형상화한 것으로 섬이 품은 풍요로운 바다를 의미한다. 지붕과 벽체의 컬러 또한 상큼하다. 베이지와 인디언 핑크다. 푸른 하늘, 바다, 초록 잔디와 어우러져 동화 같은 분위기를 연출해 낸다. 그런데 이토록 예쁜 성당에 사제도 정기 미사도 없다. 그래서 성당의 문은 누구에게나 열려있다. 잠시 경건한 마음을 갖는다면 섬 빛에 녹아드는 화사한 창가에 앉아 봐도 좋다.

마라도등대는 1915년 세워졌다. 처음에는 무인 등대였지만 1955년 유인화 되었고 1987년 태양광 발전장치로 전원을 업그레이드했다. 하지만 전체적인 시설이 노후화됨에 따라 2021년 철거된 후, 2022년 새롭게 태어났다. 마라도등대는 국토 최남단이자 국토의 시발점이라는 의미를 부각하기 위해 태극 문양을 응용한 횃불 형태로 세워졌다. 높이도 32미터에 달한다. 그런데 최초 설계에 있었던 전시·관람 시설이 문화재 관련 심의에서 삭제됐고 상부의 전망대마저도 일반에게 공개하지 않고 있다. 등대박물관이 주관하는 스탬프 투어(아름다운 등대) 15등대 중 한 곳이라는 점은 차치하더라도 우리나라 끝 섬 등대의 상징성을 고려하면 매우 아쉬운 부분이다.

트라우마를 날려버린 마라도 기행

등대와 선착장 사이, 거칠 것 없는 넓은 잔디밭에서 드론을 날렸다. 방향 조종이 서툴고 동체가 시야에서 사라지는 것이 두려워 마음껏 상승시키지는 못했지만, 촬영은 소심한 수준에서 성공적이었다. 한 컷에 담긴 해안과 투명한 바다, 그리고 절벽 위에 놓인 등대 사진도 마음에 들었다. 특히 드론이 아무 탈 없이 귀환한 것에 만족했다.

'이쯤 되면 트라우마를 떨쳐버린 것인가?'

드론을 얼마나 잘 다루느냐보다는 어떤 멋진 곳에서 날리느냐가 더욱 중요하다고 생각했다. 물론 자신감을 얻기 위한 자기 위로적 발상이다.

땀으로 흠뻑 젖은 몸을 이끌고 식당에 들어가 창가에 앉았다. 에어컨과 선풍기 바람이 동시에 달려드니, 세상 천국이 따로 없다. 손님이 많았지만 오래 기다리지 않아 주문했던 톳짜장이 나왔다. 사실 마라도 짜장면에 대해서는 맛보다는 분위기라는 평가가 많다. 그런데 실제로 먹어보니 꽤 훌륭했다. 낮은 기대치와 허기를 감안해도 그랬다. 관매도의 짜장면만큼 톳의 식감이 크게 와닿지는 않았지만, 부드러운 면발에 짜장 양념도 맛있었다.

톳짜장의 가격은 8,000원. 문득 마라도의 물가가 궁금해졌다. 그래서 들어간 곳이 편의점, 삼다수 500밀리리터 한 병에 750원이 찍혔다.

다음번에는 드론으로 마라도 전체를 오롯이 담아볼 수 있기를 바란다.
해물짬뽕과 탕수육을 안주 삼아 소주도 한잔해야지.
혹시라도 등대 전망대가 개방된다면.

트라우마를 날려버린 마라도 기행

8
구름, 바람 이따금 비 그리고 차귀도

　비는 그렇다손 치더라도 올해는 유독 꿉꿉하고 바람도 잦다. 세 번째 장마, 이제는 익숙해질 만도 했는데 여전히 지루하고 버겁다. 처음 제주에 내려왔을 때는 여름을 기다리기까지 했다. 여행자의 때를 채 벗지 못한 탓이었을 게다. 낭만인 줄 알았다. 10여 분만 나가면 시쳇말로 에메랄드빛 바다가 기다리고 있으니 말이다.

　그런데… 이토록 많은 습기는 처음 느껴봤다. 제주살이 15년 차 '봉봉이'는 공중에 떠다니는 물 알갱이가 눈에 보인다고 했다. 처음에는 농담이겠거니 했는데 어느 순간 내 눈에도 보였다.

　장마에서 시작돼 여름 내내 이어진 습기의 강점기에는 곰팡이들이 세상을 지배했다. 옷이고 신발은 물론 집 안 구석구석, 영향력이 미치지 않는 곳이 없었다. 제주에서는 제습기가 필수품이라는 것도 그 퀴퀴함을 흠뻑 겪고 나서야 비로소 알았다.
　당근에 제습기 알림을 걸어 놨다. 이런 데 웬걸, 매물이 올라오면 수 분 내로 팔리는 것이었다. 그러다 보니 10년은 됐을 법한 물건도 비싼 값에 쉽게 거래됐다. 육지에서 제습기를 수거해 제주에서 팔면 떼돈을 벌 수 있을 거란 생각도 했다.
　어쨌든 열심히 매복하고 기다린 결과, 우리 집에는 제습기가 여섯 대(글을 쓰는 날 한 대가 늘었다)나 된다. 하지만 아내는 한 대 정도는 더 필요하단다. 창고에도 비치하고 계절 내내 틀어놓고 싶은 요량이다.

　내가 사는 동쪽에서 서쪽 끝까지 제주에서 가장 먼 길을 나섰다. 목적지는 차귀도. 올여름 벼르고 별렀던 섬이다. 지금껏 차귀도에 대한 기억은 무채색의 황량함뿐이었다. 어찌하다 보니 탐방의 계절이 겨울 아니면 초봄에 집중됐다. 문득 초록의 싱그러움을 담고 싶어졌고, 날을 보다가 모처럼의 좋은 날씨를 골랐다.
　그런데 출발할 때 파릇하던 날씨가 웬걸, 서귀포 하례리를 지날 무렵 급격히 어두워지는 것이 아닌가? 그러더니 안개가 몰려와 길을 덮었고, 대낮임에도 세상은 앞을 분간하기 어려울 만치 캄캄해졌다. 해발 400미터, 한라산에 막혀 오도 가도 못하게 된 구름이 중산간까지 하강한 것이다. 습기 알갱이가 차창에 부딪혀 흘러내렸다. 비상등을 켜고 와이퍼를 작동했다.

구름, 바람 이따금 비 그리고 차귀도

사촌 동생 얘기가 생각났다. 제주시에서 서귀포까지 가는 동안 날씨가 30여 번 바뀐 적이 있었단다. 맑았다가, 흐렸다가, 비가 왔다가, 우박이 쏟아지고 다시 맑아지기를 반복했다는 것이다.

자구내 포구는 일요일인데도 평일처럼 한산했다. 날씨 때문이 아니면 요즘 제주도를 찾는 여행객이 급격히 줄어든 탓일 거다. 이곳의 명물이라는 반건조 오징어도 찾는 이가 없었다. 이미 꾸덕꾸덕하게 건조되고도 남았을 텐데, 빼곡히 걸린 채 바닷바람만 하염없이 맞고 있다.

차귀도는 면적 0.16제곱킬로미터의 조그마한 섬이지만, 한편으로는 제주도가 품은 59개 무인도 중에서 가장 크다. 오래전 차귀도에도 사람이 살았다. 자구내 포구에서 본 섬까지 1킬로미터밖에 되지 않으니 입지상 당연히 그럴 만했다. 하지만 1970년대 중반까지만이다. 추자도 간첩 사건 이후, 안보라는 미명하에 몇 안 되는 주민들조차 강제로 섬을 등져야 했고, 차귀도는 오롯이 자연의 땅으로 남았다.

차귀도는 죽도, 와도, 지실이섬을 합쳐 부르는 이름이다. 와도는 누운 섬이란 뜻으로 자구내 포구 가까이 있다. 그리고 지도에서 보면 완전한 Y자 모양에다 깊숙이 만입된 해안선이 절묘하다. 한 번쯤 배에서 내려보고 싶다는 충동이 들지만, 아쉽게도 유람선은 와도에는 기항하지 않는다. 한편 지실이섬의 지

차귀도 역시 예전에는 사람이 살았던 섬이다

실(지슬)은 감자의 제주 방언이다. 이곳 사람들은 '독수리 바위'라 부르기도 한다. 옆에서 보면 날개를 곧추세운 독수리가 금방이라도 비상할 듯한 모습이다.

자구내 포구를 출발한 유람선은 20분 후 차귀도의 본섬인 죽도에 도착했다. 넉넉잡아 10분이면 충분한 거리지만, 너울로 인해 멀리 돌아오느라 두 배가 소요됐다. 죽도는 차귀도의 어미섬으로 동서 길이가 850미터, 남북이 300미터로 둘레가 모두 해안절벽으로 싸여있다.

선착장에서 섬 능선까지는 돌계단만 오르면 끝이다. 가장 먼저 눈에 들어오는 것은 돌벽과 창틀만 남은 폐건물로 과거 사람이 살았던 흔적이다. 1986년 개봉된 까마득한 영화 〈공포의 외인구단〉 지옥훈련 장면도 이곳에서 촬영했다. 시간은 인공의 구조물조차 자연이 될 만큼 훌쩍 흘렀다. 사람들이 떠난 지 50년, 영화가 개봉한 지도 40년이나 됐으니 말이다. 애틋함에 멈췄던 시선과 발걸음을 다시금 돌리자 광활한 분지가 펼쳐졌다. 하늘과 바다는 잔뜩 찌푸렸지만 그래도 징크스의 반이 초록이라니, 그나마 다행이다.

탐방로는 4.1킬로미터, 섬 둘레를 한 바퀴 돌아오는 코스다. 차귀도는 2000년 천연보호구역으로 지정됐고 일반에게 공개된 지 채 15년이 지나지 않는다. 몇 안 되는 탐방객들은 약속이나 한 듯이 한 방향으로 걸었다. 해안가에 뾰족하게 솟아오른 시스택은 시계방향 첫 번째 전망대의 주인공이다. 이름하여 장군바위. 신화에 의하면 제주도를 만들었던 설문대할망은 500명의 아들을 낳았다. 어느 날 할망은 죽을 끓이다 솥에 빠져 죽었는데 막내를 제외한 499명의 형제는 어미의 죽음도 모른 채, 주린 배를 채우기에 급급했다. 세월이 지나고 설문대할망의 아들들은 한라산 영실의 오백장군이 됐지만, 형들에게 실망하고 마음의 한을 풀지 못한 막내는 결국 차귀도 앞바다로 떨어져 나와 바위가 되었다.

차귀도 등대는 1957년 세워졌다. 인근 고산리 주민들이 돌

볼래기 언덕에 세워진 차귀도 등대

을 짊어지고 건너와 직접 지은 것이다. 등대가 세워진 볼록한 땅을 사람들은 '볼래기 언덕'이라고 부른다. 몹시 힘이 들어 숨이 차올라 곧 죽을 것만 같을 때 쓰는 '볼락볼락'이란 말에서 파생됐단다. 돌이켜보면 당시 주민들이 얼마나 애를 먹었는지 가히 짐작이 가는 이름이다. 그런 등대는 한편으로는 섬 최고의 인증샷 포인트다. 평소 단독으로 사진을 찍으려면 줄을 서서 기다려야 할 정도지만, 잿빛 날씨에 탐방객이 적다 보니 제법 여유로웠다.

차귀도는 이런 섬이 있을까 싶을 정도로 그로테스크하다. 그리고 탄성이 연사로 터질 만큼 환상적이다. 초원 위 가르마처

구름, 바람 이따금 비 그리고 차귀도

럼 난 길을 따라 걷다 보면 곧장 바다로 떨어질 것 같은 착각이 들기도 한다. 그러면 '제주의 움직이는 섬'은 하늘과 바다 사이에 두둥 떠 있을지도.

등대 반대쪽의 봉우리는 섬의 정상이다. 그래 봐야 해발 67미터에 불과하다. 꼭대기에는 큼지막한 데크가 놓여있다. 난간이 없으니 시야에 걸리적거림이 없어 좋다. 용수리와 자구내포구 그리고 당산봉까지, 섬에서 제주 본토를 감상하는 기분 또한 각별하다.

차귀도에서 주어지는 시간은 약 1시간, 한가하게 앉아서 멍때릴 겨를은 없다. 부지런히 사진을 찍고 걷다 보면 어느새 한 바퀴, 기억으로 옮겨 담을 시간이다.

날씨는 등줄기를 타고내린 땀방울조차 공기에 대동단결 흡수될 만큼 축축했다. 그러다 보니 카페나 빵집에 들러 나들이를 달콤하게 채워볼 엄두마저 나지 않았다. 시동 켜고 에어컨, 그리고 집으로 출발.

황당하고 끈적거리던 어느 여름날

모르는 개 한 마리가 집 안으로 들어오더니 아예 밖거리 툇마루를 차지하고 앉았다. 뭔 일인가 싶었다. 구경하는 집 아니냐며 관광객이 기웃거리더니, 살다 살다 개까지 무단침입이다. 이 모두가 대문이 없는 탓이다.

파란색 목걸이의 리트리버. 한눈에 근본이 읽혔다. 그러나 개를 질색하는 우리 집 냥이들 때문에 잠시라도 집에 둘 수 없었다. 낯선 개의 출현에 기겁한 쏠트, 마요, 표선이가 빛의 속도로 담을 넘어 숨어버렸다.

녀석은 매우 순했다. 혀를 내밀고 숨을 헐떡이다 고양이 사료를 훔쳐 먹는 것 외에는 특별히 공격적이지도 않았다. 쫓아버리기 위해 큰소리를 치고 과한 몸짓으로 협박해봤지만 그때뿐이었다. 집 둘레를 한 바퀴 돌고 나서는 심드렁하게 누워버리기까지 했다.

그렇게 대치상태로 밤을 보내고 아침을 맞았다. 녀석은 여전했다. 갔나 싶으면 어느새 다시 나타나 툇마루를 제집인 양 차지했다.

하는 수 없어 도움을 받기로 했다. 일요일이었지만, 혹시나 하는 마음에 119로 전화를 넣었더니 일단 '064-120'로 연락해 보란다.

제주의 120민원서비스는 '만덕콜센터'라고 부른다. '의녀 김만덕'에서 따온 이름이다. 김만덕은 기근이 들었을 때 쌀을 풀어 제주민을 구제했던 조선시대 거상이다. 만덕콜센터는 도민뿐만 아니라 관광객에게도 상담 및 맞춤형 민원서비스를 제공한다. 만덕콜센타는 직접 유기견보호센터로 연결해 줬고, 얼마지 않아 구조대에서 1시간 내 도착한다는 전화가 왔다.

구조대를 기다리는 1시간 동안 녀석과 친해져야 했다. 냉장고를 뒤져 맛살을 꺼내 4개를 16등분 해서 최대한 천천히 먹였다. 참치캔도 한 통 땄다. 녀석은 쌍꺼풀진 작은 눈으로 넌지시 바라보더니 뻣뻣하던 꼬리까지 흔들어 댔다. 경계를 풀고 넙죽 받아먹은 후에는 머리를 바닥에 대고 잠도 잤다. 처음엔 다른 곳으로 가지 못하도록 유인책을 썼던 것인데, 세상 순진한 모습을 보니 슬슬 마음이 끌렸다.

요 녀석을 키우게 된다면 어떤 일이 벌어질까 생각해봤다.

'처음에는 냥이들이 엄청 힘들어하겠지. 그러다가 시간이 지나고 친해지면 뒤엉켜 장난도 치면서 지낼 거야. 개는 살갑게

투명한 물빛을 자랑하는 소금막 해변

군다니까 재미도 있을 테지. 그런데 가만, 매일매일 산책도 시켜줘야 한다는데 귀찮지는 않을까? 그리고 육지에 갈 때는 누가 돌보지? 장기간 여행이라도 가게 되면?'

상상은 금세 허물어졌다. 그사이 목욕갔던 아내가 돌아오고 구조대원도 도착했다. 아내가 조용히 내게 물었다.

"데려가면 안락사시키는 거 아냐? 그럼 어떻게 해?"

"아냐, 일단 홈페이지에 올려 주인을 찾아본 후에 입양을 시킬 거야. 그다음은 잘 모르겠다."

구조대원은 시간을 두고 천천히 접근했다. 하지만 로프를 가져다 대면 녀석은 이미 알고 있다는 듯 자리를 옮겨갔다. 반복되는 포획 실패. 구조대원은 옷이 흠뻑 젖을 정도로 땀을 흘렸지만, 되도록 마취총을 사용하지 않으려 애쓰는 모습이 역력했다.

그러던 중 녀석이 아내에게 다가서며 뒷덜미를 보였다. 구조대원은 그 찰나를 놓치지 않고 로프를 걸었다. 잠깐 몸을 비틀이며 반항하던 녀석은 생각보다 빠르게 평정심을 찾았다.

"칩이 있네요."

다행스러운 일이었다. 주인을 찾게 된 상황이 되자 아내가 기뻐했다.

"너를 보내고 나면 마음이 아플 뻔했는데 정말 잘됐다."

구조대원이 칩에 있는 정보로 전화를 넣자 주인이 받은 듯했다.

황당하고 끈적거리던 어느 여름날

"집 나간 지 일주일이 넘었다네요, 금방 오신대요."

또다시 상상의 나래를 폈다.

'주인은 너무 반가워할 거야. 녀석을 부둥켜안고 엉엉 울지도 몰라. 그런 다음 우리에게 감사하단 인사를 할 거고. 서로 연락처를 교환하겠지. 가끔은 녀석을 보러 그 집에 갈 수도 있을 거야. 그런 계기로 친해질지도.'

나름의 시나리오를 마구 날리는 사이 차량이 도착했다. 그런데 차에서 내리는 사람의 모습이 낯익었다. 아니, 우리 마을 전 청년회장 수철이가 아닌가? 행사나 반상회 때 만나 얼굴을 익혀둔 사이였지만 뜻밖이었다.

"가끔 풀어 놓으면 놀다가 집에 오곤 했는데, 이번에는 안 들어와서…."

이름은 '흰둥이'. 그러니까 녀석은 말 그대로 동네 개였다.

요란한 오전을 보내고 나니 알코올이 급히 당겼다. 광성에게 전화를 했다.

"바닷가에서 한잔하자."

광성은 오래전부터 캠핑과 섬 여행을 같이 하던 동생이다. 과묵하고 온화한 성격에 배려심까지 많아 늘 마음을 기대며 지내는 사이다. 인천에 가족이 있지만, 제주가 좋아 한림에서 3년을 살았고 지금은 온평리에 연세 250만 원 하는 집을 얻어 가끔 내려와 여행도 하고 일도 한다.

소금막 해변에는 서핑 스쿨이 있다

　우리가 만나기로 한 곳은 표선해수욕장 옆에 있는 '소금막 해변'이다. 오래전 해안가에서 소금을 생산했던 지역인 데다, 한편으로는 백사장 양편으로 현무암 암반이 길게 튀어나와 검은여 해변으로도 불린다. 길이 250미터에 폭 30미터쯤 되는 작은 바닷가의 주 이용자는 로컬들이다. 북적임을 싫어하는 그들은 이곳에서 수영과 서핑도 하고 피크닉도 즐긴다. 공식 해수욕장이 아닌 이유로 안전요원이 없는 대신 올레꾼들을 위한 샤워장과 화장실이 주변에 있어 여러모로 편리하다.
　햇볕을 가리는 데 아무런 도움이 되지 않는 파라솔을 펴 꼽

황당하고 끈적거리던 어느 여름날

제주의 뜨거운 여름, 파라솔은 별 의미가 없다

고 캠핑용 테이블과 체어를 펼쳤다. 그리고 스탠리 텀블러에 담아 온 하이볼을 아크릴 투명 컵에 따랐다. 집에서 10분이면 누릴 수 있는 호사라니, 제주민의 특권이 아닐 수 없다.

수평선 위로 솟은 뭉게구름과 거칠 것 없는 민낯 바다… 비로소 여름인가 싶다.

광성이 2차로 가자고 했던 돼지갈빗집은 자리가 없었다. 부근의 고성 민속 오일장터에서 열리는 '성산일출의 별밤' 야간 콘서트 때문이다. 오늘 행사에는 가수 '박군'이 참가한다며 길

거리까지 인파로 휩싸였다. 그도 그럴 것이 유명 트로트 가수가 뜨는 날에는 제주 어르신들에게는 자발적 동원령이 내려지기 때문이다.

제주의 여름에는 행사는 물론 공연도 많다. 같은 시간 함덕에서는 '스테핑 스톤 페스티벌'이 열리고 있다. 국내는 물론 제주에서 활동 중인 뮤지션들과 일본에서까지 날아와 펼치는 다채로운 장르의 밴드 공연이다.

제주밴드 '사우스 카니발'의 신나는 무대가 그리웠지만 이미 늦었다. 결국 '표선얼큰이와 피자 디노'라는 술집을 찾아 들어갔다. 이곳엔 닭발과 날개, 피자가 같은 메뉴판에 있다. 희한한 컨셉인데 이게 먹힌다. 물론, 제주니까.

특히 표선에 있는 본점은 로컬들에게 '닭발의 성지'라 불릴 정도로 인기 있다. 육지의 맛집과 비교해도 손색없다. 불맛이 끝내준다.

닭발 한 접시, 계란탕 그리고 주먹밥을 주문했다. 그리고 둘이서 소주 네 병을 비웠다. 이름 그대로 얼큰하고 끈적거리는 여름밤이다.

아, 그리고 솔트와 마요, 표선이는 새벽 두 시가 돼서야 집으로 돌아왔다.

황당하고 끈적거리던 어느 여름날

8

제주의 여름꽃을 보여줘

제주의 여름은 수국의 개화와 함께 시작된다.

본디 수국은 돌담 아래 혹은 우물가에 풍성하게 피어나 뜨거운 햇볕과 쏟아지는 빗줄기도 후덕하게 받아내는 서민의 꽃이었다. 수국은 토양의 성분에 따라 붉은색과 파란색 계열로 피어난다. 최근에는 이런 생리적 특성에 착안해 품종 개발이 이뤄지면서 다양한 컬러에 화려함까지 입었다. 거기에 산수국과 탐라 수국 등 향토 수종까지 더해지니 가히 계절을 대표하는 최강의 스쿼드다.

그런 수국이 올해는 유난히 늦게 피고 빨리 시들어버린 느낌이다. 봄철부터 비가 많아 일조량이 적었던 탓이란다. 마당에 심어놓은 것들도 딱 한 번 개화하더니 그것으로 끝이다.

여름을 풍성하게 장식해야 했을 꽃이기에 아쉬움이 크다. 퇴색되어 덩그러니 남은 꽃 뭉치를 보다가 서글프단 생각마저

토끼섬은 천연기념물이다. 입도가 제한된다

들었다.

　제주에 수국이 아닌 또 다른 여름꽃이 있다는 사실을 최근에야 알았다. 하도리 해안도로를 달리다 토끼섬 해변 언덕이 온통 하얗게 변한 것을 보았는데 바로 문주란 꽃이란다.
　우리나라 전역에 토끼라는 이름을 가진 섬은 모두 17개다. 그중에 가장 유명한 곳이 구좌읍 하도리 앞바다의 '토끼섬'이 아닌가 싶다. 이미 하도리 토끼섬은 2023년 9월 한국 섬 진흥원의 '이달의 무인 도서'로 선정되기도 했으니까.

제주의 여름꽃을 보여줘

토끼섬의 본래 이름은 '난도'다. '바깥쪽의 여'라는 뜻을 가진 '난들여'에서 유래됐다. 그러다가 일제강점기에 토끼를 방사한 적이 있었는데 개체 수가 늘어나면서 토끼섬으로 부르기 시작했다.

토끼섬은 우리나라에 하나밖에 없는 문주란 자생군락지로서의 지위를 오래도록 누려왔다. 어머니에게 토끼섬에 대해 여쭸더니 학창 시절 소풍지로 기억하고 계셨다. 토끼는 본 적이 없었고 섬에 갈 때면 문주란을 캐와 화분에 심으셨단다.

문주란의 본적은 아프리카다. 해류에 이끌려 인도양을 건너고 멀고 먼 길을 찾아와 정착한 것이다. 수선화과에 속하는 상록 다년생 초로 7월 말부터 9월까지 꽃을 피우니 당연히 여름 꽃이다.

토끼섬은 하도리 해안가에서 300미터 떨어져 있다. 마침 썰물이라 바닷길과 갯바위를 타고 가까이 접근해 봤다. 그런데 마지막 50미터는 바닷물에 몸을 반쯤 담가야 건너갈 수 있을 것 같았다. 손에 잡힐 듯 가까운 거리였지만 무리하지는 않기로 했다. 나무 한 그루 없는 작은 무인도는 백사장과 돌담 그리고 하얀 문주란꽃만을 품고 있었다. 군더더기 없는 깔끔한 어울림이다. 텐트를 치고 하룻밤을 보내고 싶다는 캠핑 욕구가 불끈 솟았다. 하지만 토끼섬은 천연기념물이다.

'토끼썸'은 토끼섬이 바라다보이는 해안가에 자리한 카페다. 땀과 바닷바람에 축축해진 몸을 이끌고 카페 문을 열었다. 몸은 시원한 에어컨을, 눈은 작은 섬을 담은 창으로 향했다.

'거참, 이런 곳에 카페라니 자리 잘 잡았네.'

내부에는 블랭킷, 바구니, 라탄테이블, 조화 등의 장식이 꽤 많았다. 모두가 연출용 소품이란다. 인스타그램을 찾아보니 '#토끼섬', '#토끼썸'에 대한 피드들이 쏟아졌다. 알고 보니 이 지역의 핫플이었던 것이다. 이곳의 피크닉세트는 토끼섬을 주제로 만든 컨셉이다. 준비는 간단하다. 일단 커피나 음료를 주문하고 원하는 디자인의 물건들을 챙겨 바닷가로 나가면 끝이다.

당근 주스를 골랐다. 구좌읍의 특산물이기도 했지만, 색감이 좋았다. 토끼섬이 잘 보이는 해안가에 세팅하고 몇 컷을 촬영했다.

문주란은 더 이상 토끼섬의 전유물이 아니다.

광치기해변은 제주올레 1코스의 종점이자 2코스의 시작점이다. 게다가 성산일출봉과 내수면 바깥 바다의 풍광을 품어 안은 명소 중의 명소다. 그런 광치기해변의 자랑거리 중 하나가 문주란 군락이다.

문주란은 연평균 기온 14도 이상, 한겨울에도 최저 기온이 영하 2도 이하로 떨어지지 않는 곳에서만 자생한다. 우리나라에서 그 환경에 맞는 곳은 오로지 제주도뿐이다.

한여름, 광치기 문주란꽃은 용암빌레와 어우러져 자연미의

인스타그램 피드에
올리고 싶은
토끼썸 피크닉 세트

여름철
입맛을 돋우는
호박잎 콩잎쌈

극치를 이룬다. 가까이 살펴보니 길고 하얀 꽃잎을 우산살처럼 늘어뜨린 고혹스러운 모습이다. 문주란의 꽃말은 '청순함'이며 '나는 당신을 믿어요'라는 뜻도 가지고 있다.

꽃잎을 열고 향기를 맡는 아내를 바라봤다. 그리고 생각했다.

'절묘한 꽃말인걸!'

내친김에 오조리 식산봉도 둘러보기로 했다. 성산 내수면 건너편이니 코 닿을 거리다.
　예상했던 대로 식산봉 황근도 노란 꽃을 활짝 열었다. 여름에만 볼 수 있는 장면이다. 황근 꽃이 무궁화와 비슷한 것은 같은 속genus의 식물이기 때문이다. 그런데 노랑무궁화는 존재하지 않는다. 황근은 멸종위기 2급 식물이지만, 최근 정책적으로 대량 식재되어 제주의 해안도로 곳곳, 그리고 협재 앞바다의 비양도 등에서 만날 수 있다.

　습하고 더운 여름에는 나들이가 쉽지 않다. 특히 한바탕 걷고 나면 축축 처진다.
　집으로 돌아와 아내가 차려준 밥상을 마주했다. 복삼이 언니가 보내준 호박잎쌈과 그리고 마당 구석에서 자란 콩잎이 올랐다. 거기에 돔베고기가 추가된 단출한 상이다. 표선목욕탕 언니들이 여름 쌈 먹는 법을 알려줬단다. 콩잎에는 자리젓, 호박잎에는 강된장이라나. 물론 달래와 실치가 들어간 강된장도 복삼이 언니표다.
　궁합이 기가 막힌다. 결국 막걸리를 두 병이나 마셔버렸다.

제주의 여름꽃을 보여줘

8

알박기 빌런이 사라진 금능해변

　제주도에는 꽤 많은 자연발생 야영장이 있다. 바닷가 주변 숲속이나 평지에 조성된 것으로, 인위적이지 않은 매력 때문에 캠퍼들의 사랑을 받아왔다. 그런데 몇 년 사이 캠핑 붐이 일면서 부작용도 생겨났다. 일명 '알박기'로, 한 곳에 텐트와 장비를 설치해 놓고 마치 개인 사이트처럼 장기간 점유하는 행태가 만연해진 것이다. 그러던 중 선량한 캠퍼들과 지역 주민들의 민원이 빗발치자 지난해 알박기 텐트에 대한 대대적인 단속이 있었다.

　금능해수욕장 야영장 역시 알박기 빌런들로 유명했던 곳이다. 미간을 찡그리게 했던 흉물 텐트들이 사라진 후, 벼르고 별렀던 캠핑을 다녀왔다. 야영장 분위기는 예전과 비교할 수 없을 만큼 좋아졌다. 육지 캠퍼, 제주 캠퍼들이 저마다의 프라이버시를 존중하며 초여름 오후의 청명함을 즐기고 있었다. 쭉쭉 뻗어

금릉해변의 아스라한 저녁 풍경

선 야자수 숲 아래 평편한 자리를 골라 설영을 했다.

금능해변은 협재해변과 경계를 구분할 수 없을 만큼 하나로 이어져 있다. 바다를 공유하고 있지만 분위기는 사뭇 다르다. 협재가 넓은 백사장에 입구까지 들어선 식당과 카페 등으로 북적이는 반면 금능은 나무가 많고 비교적 조용한 편이다.

금능해수욕장 야영장은 우도 연령리 야영장, 김녕해수욕장 야영장과 함께 제주의 대표적인 자연발생 야영장으로 꼽힌다. 백사장이 좁은 대신 바다가 인접해, 멋진 캠핑 뷰를 연출해 낼 수 있다. 단 주차장에 차를 세우고 사이트까지 이동해야 하므로 미니멀한 장비가 제격이다.

금능의 모래는 유난히 희다. 부서진 조개껍질로 인한 석회질 성분 때문이다. 이곳의 바다는 너무도 투명해서 바닥까지 훤하게 들여다보인다. 게다가 바다 건너에는 비양도가 그림처럼 솟아 있다. 물을 흠뻑 적셔 그려낸 연초록의 수채화, 딱 그 느낌이다.

금능에서 한림까지는 대략 4킬로미터 정도 떨어져 있다. 그리고 요즘 핫플로 사랑받는 판포포구와 제주에서 가장 아름다운 해안도로 중 하나로 꼽히는 신창풍차해안도로, 선인장으로 유명한 월령리 바닷가도 인근에 있다. 야영장을 베이스캠프로 돌아볼 수 있는 스폿들이다.

'한림매일시장'은 한림항 부근에 있는 상설시장이다. 시장 내 '풍년순대국밥'은 금능에서 캠핑을 할 때 틈틈이 찾아가는 나만의 단골이다. 그리고 현시점 제주에서 가장 애정하는 순대국집이기도하다. 이곳은 단순하지만 본질적이다. 오래 끓여 우려낸 깊고 진한 국물에다 푸짐하게 들어간 순대와 부속물은 퍽퍽이지 않아 좋다.

그리고 대(大)자가 20,000원의 족발도 수준급, 40년의 내공의 맛이다. 사장님은 부산 출신으로 40년 전 제주에 정착, 순댓국 장사를 시작했다.

한림 농협주유소 건너편에 있는 '삼일식당'도 10년째 단골이다. 제주에 올 때마다 가장 먼저 들려 제주막걸리와 내장탕으로 여행의 시작을 자축했던 곳이다. 양과 허파, 곱창, 홍창과 같은 식재료는 당일 소진을 원칙으로 하다 보니 늘 신선했다. 고추기름과의 칼칼한 조화, 춘추전국 제주의 해장국집을 두루 섭렵하면서도 여전히 손에 꼽는 까닭이다.

좀처럼 꺼지지 않는 배, 하지만 지체할 겨를이 없어 포장해 온 순대 봉지를 열었다. 그리고 캠핑의 의식처럼 소주 뚜껑을 땄다.

요즘 즐겨 마시는 소주는 한라산 '순한'으로 참이슬을 마시던 로컬들의 기호를 바꿔놓은 술이다. '순한'은 제주산 보리 증류 원액을 첨가해 제조했다. 태생이 훌륭한 이것은 16도의 가벼

노을 빛에 스며든 금릉해변의 기막힌 텐풍(텐트 풍경)

운 도수에 설탕을 첨가하지 않은 것 또한 특징이다.

'순한'은 소주 특유의 불쾌한 향이 없어 목 넘김이 부드럽고 취기까지 도달하는 시간이 더디다. 그리고 비밀이지만, 전날의 숙취 때문에 찾아간 해장국집에서 그 국물 맛에 반해 한 잔을 곁들이지 않을 수가 없을 때, 마법처럼 흡수돼 다시 또 전투력을 상승시키는 재주도 가졌다.

비양도 너머 하루해가 떨어지자 캠퍼들의 시간이 시작됐다. 저마다의 텐트에 랜턴을 밝히고 고즈넉함을 맞는다. 여운에 물든 하늘과 고요한 바다가 만들어 낸 정취, 금능해변은 그것에 익숙하다. 잠시 술잔을 내려놓고 협재해변에서 그 반대편의 금능 방파제까지 걸어본다. 먼발치에서 들려오는 누군가의 버스킹에 발걸음을 멈추고 귀를 기울여 본다. 기타 선율에 실린 낮고 맑은 목소리, 저녁이라 쓰고 낭만이라 읽어야 할 것 같은 금능의 저녁 풍경이다.

알박기 빌런이 사라진 금능해변

∞
꽃과 신화가 있는 동쪽송당 동화마을

　번영로는 제주시와 표선을 잇는 직선 도로다. 2023년 10월 송당과 가시리가 갈리는 번영로 대천 사거리에 '동쪽송당 동화마을'이 개장했다. 주민들은 처음에는 낯선 공식 명칭을 사용하기보다는 그저 그곳에 입점했다는 스타벅스를 약칭으로 불렀다.

　우리 부부 역시 한 번씩 다녀온 표선목욕탕 언니들을 통해 "좋다더라" 정도로 전해 들었을 때는 그저 유명 커피숍 하나가 생겼거니 했다. 그도 그럴 것이 번영로 언저리로는 에이바우트 커피, 블루보틀, 스누피가든, 노바운더리 등 대형 카페가 즐비했기 때문이다.

　하긴 수원에 살 때도 그랬다. 20여 년을 거주하는 동안 남들은 일부러 찾아온다는 화성을 걸어본 것은 고작 두세 번에 지나지 않았다. 생활은 여행과 다르다며 호기심을 반쯤 접고 지냈던 탓이다.

동쪽송당 동화마을은 새로운 수국 명소로 급부상 중이다

여행객으로 붐비는 스타벅스 더 제주 송당공원R점

동쪽 송당 동화마을을 처음 방문한 것은 개장한 지 무려 반 년이 지나고 난 다음이다. 그것도 사실 의도했던 바가 아니다. 대천 사거리 주요소에서 기름을 넣고 유턴을 하려다 무심코 빨려 들어간 것이다.

동쪽송당 동화마을은 제주도 내 유통기업인 제스코마트가 '셰프라인 체험랜드'를 인수한 후 재단장한 시설이다. 개방형 공원을 표방하고 있기 때문에 입장료와 주차료는 무료다. 경내에는 스타벅스 '더 제주 송당공원R점'뿐만 아니라 파리바게뜨, 미스터밀크, 제스코 관광매장, 도토리숲, 코리코카페 등이 입점해있다. 때문에 여행객들에게 제주 동쪽의 새로운 명소로 급부상 중이다.

"좋다더라"가 "잘해놨네"로 등급 상승하는 데는 시간이 오래 걸리지 않았다. 인공폭포를 지나 봉긋 솟은 동산 전망대로 올라가니 한라산을 비롯 주변의 오름들이 시야에 들어왔다. 어느 동네든 조금만 높은 곳에 서면 흔하게 볼 수 있는 소소한 풍경이지만, 여행자들에게는 제주라고 각인될 대표적 장면이다.

동산은 연못으로, 연못은 산책길로 둘러싸여 있다. 제주의 여름답게 길가에는 수국이 가득 피어나 꽃 정원을 이룬다. 커다란 화산석에 수변과의 조화, 그러다 보니 휴애리, 마노르블랑, 보롬왓 등의 수국 명소에 뒤지지 않는 화려함을 자랑한다.

동쪽송당 동화마을 내에는 '돌조각 공원'도 조성되어 있다. 최근 제주 신화에 관심을 두던 터라 가장 마음이 끌리는 공간이기도 했다. 나무와 바위 사이 수많은 석상은 제주의 신들이다. 닮은 듯해도 엄연히 다른 나름의 이름과 임무가 있다. 특히 길가에 세워진 3기의 석상은 아기를 점지하고 출산과 양육을 관장하는 삼승할망, 해상안전과 풍요를 가져다주는 바람의 신 영등할망 그리고 설문대할망이다.

우리나라의 단군신화가 창조신화가 아닌 건국신화임을 아쉬워하는 사람들도 있다. 그런데 제주에 창조신화가 존재하는 것을 알고는 놀란다. '설문대할망'이 바로 그 주인공이다.

설문대할망은 엄청난 거인이었다. 그녀는 치마에 흙을 담아와서 제주도를 만들었는데 그 흙을 일곱 번 떠 놓았더니 한라산이 생겼다. 그때 해어진 치마 구멍으로 흘러내린 흙들은 360여 개의 오름으로 쌓였다. 완성된 한라산은 너무 뾰족했다. 할망이 봉우리를 떼어내 던지자, 움푹 팬 곳에는 백록담이, 덩어리는 사계리 해안가에 떨어져 산방산이 되었다.

그밖에 제주가 자랑하는 명소들도 설문대할망의 이야기를 품고 있다. 다랑쉬오름 굼부리는 할망이 주먹으로 내리친 자국, 성산일출봉은 바느질할 때 등잔을 올려 뒀던 곳이다.

그녀는 관탈섬과 마라도를 밟고 우도를 빨래터로 삼았다. 오줌 줄기가 어찌나 셌던지 우도와 성산 사이의 조류가 여전히 빠르고 거친 이유란다.

꽃과 신화가 있는 동쪽송당 동화마을

돌조각 공원을 돌아 나오면 다시 또 스타벅스를 만나게 된다. 제주에는 모두 18개의 스타벅스가 있다. 제주 송당공원R점은 리저브 전용 매장으로 국내 최대 규모다. 리저브는 소량만 재배되어 한정 기간에만 맛볼 수 있는 고품질의 스페셜티를 의미한다. 제주의 리저브 매장은 신화월드R점과 송당공원R점 단 두 곳뿐이다.

매장은 종일 사람들로 붐빈다. 주문이라도 하려면 긴 줄 속에 들어가야 한다. 윈도우 뷰도 뛰어나 2층의 창가 쪽은 좀처럼 빈자리가 나지 않는다. 이런저런 이유로 처음 방문 이후 몇 번을 찾아가고도 아직 커피 한 잔을 마셔보지 못했다. 성향상 기다리지도 못하지만, 집에서 불과 10킬로미터 떨어진 생활터다 보니 절실하지 않은 탓도 있다.

여하튼 동쪽송당 동화마을은 꽤 매력적인 곳이다. 제주의 나무, 돌, 꽃 그리고 문화와 신화를 테마로 하는 점도 마음에 든다. 관심은 여행도 삶도 풍요롭게 해준다. 무뎌지는 절실함에 불을 지펴야겠다. 일단 스타벅스에서 커피를 한 잔 마셔보기로.

세화오일장이 열리는 날에는 마음이 설렌다

함덕에서 끊겼다가 김녕해수욕장에서 다시 시작된 해안도로는 월정, 평대를 지나고 세화, 하도, 종달까지 이어진다. 제주의 해안도로 중에 바다와 가장 근접한 코스다.

건축가 승효상 선생은 주민의 삶과 바다를 갈라놓는 단절의 원인으로 해안도로를 꼽기도 했지만, 제주의 감성을 단박에 만끽할 수 있는 여행 인프라로는 이만한 게 없을 듯싶다.

세화오일장은 바다와 맞닿아 있다. 길 하나만 건너면 하얀 모래와 투명한 물빛을 만날 수 있다. 요즘 5와 0으로 끝나는 날이면 세화오일장을 자주 찾는다. 육지에서 지인이 왔을 때 나들이 삼아 찾아간 것이 계기가 됐다. 오일장을 잠깐 구경한 뒤 근처 맛집에 들러 소주나 한잔할 생각이었는데, 느닷없이 다가온 한 장면 때문에 세화오일장 덕후가 됐다.

세화오일장이 열리는 날에는 마음이 설렌다

몇 년 전까지 세화를 대표하는 콘텐츠는 '벨롱장'이었다. 벨롱장은 토요일마다 세화포구에서 열리는 플리마켓으로 규모 면에서 제주 최대를 자랑했다. '벨롱'은 제주 사투리로 '반짝'을 의미하는데, 말 그대로 두 시간 정도 반짝 열렸다가 깔끔하게 정리되는 형식이었다. 방파제와 나란한 좌판에는 핸드메이드 액세서리와 소품들, 수제 빵과 간식류가 놓이고 진귀한 아이템들도 많았다. 돌이켜보면 벨롱장은 세화 바다였다. 형식 없는 즉석 공연, 작은 퍼포먼스까지도 푸르름의 일부였다. 코로나19로 사라진 벨롱장에 대한 기억이 여전히 아름다운 까닭도 그 때문일지도 모른다.

길 복판의 과일 가게를 지나 시장 안으로 들어갔다. 대부분 오일장이 그렇듯이 가장 넓은 점포 영역을 차지하는 것은 생선 가게다. 그런데 첫 번째 가게 뒤편으로 별안간 바다가 나타났다. 젊은 남자 주인과 매대에 놓인 생선까지, 마치 의도적으로 연출한 것처럼 어우러졌다.

세화 바다와 오일장이 한 장면이라고 느낀 것은 처음이었다. 승효상 선생의 말처럼 사이에 가로 놓인 해안도로 때문에 바다는 바다, 오일장은 오일장이었는데 말이다.

문득 벨롱장이 다정하게 안겨 왔다. 감성을 갈아타자 시장 안의 모든 것들이 낭만으로 변신했다. 그러다 보니 굳이 밖에서 맛집을 찾아야 할 이유가 사라졌다.

가을이 코앞에 와 있지만 바다 물빛은 여전히 곱다

창 너머 시선이 닿는 곳마다 바다와 하늘이 넘실댔다. 손질 자리돔을 만 원어치, 순대도 오천 원어치 샀다. 그리고 국수 가게에 들어가 비빔국수, 콩국수, 해물파전을 주문했다. 막걸리도 빠질 수 없다. 주인아주머니는 세련된 외모만큼이나 쿨했다. 사온 음식을 같이 먹을 수 있도록 허락해 줬다. 그 덕에 테이블은 더더욱 풍요로워졌고 빈 막걸리 병도 덩달아 늘어 갔다.

제주의 특산물이라는 자리돔은 청보리가 익는 때가 가장 맛있지만, 여름까지도 괜찮다. 일반적으로는 물회로 혹은 구이로 요리하지만, 로컬들은 '강회'로 많이 먹는다. 강회는 지느러미, 비늘, 내장을 제거한 후 된장을 찍어 통째 먹는다. 뼈까지 오도독하게 씹히는 거친 식감이지만, 특유의 고소함에 입안에 오래 둘수록 단맛까지 살아나서 막걸리 안주로 더할 나위가 없다.

자리는 서귀포 보목항과 모슬포항에서 많이 잡힌다. 일반적으로 보목항의 자리는 부드러워 강회나 물회에, 모슬포항의 자리는 크고 뼈가 억세서 구이나 젓갈용으로 쓴다.

올해는 한치의 어획량이 크게 줄었다. 높아진 수온 때문이란다. 오일장의 한치 가격도 많이 올랐다. 횟감은 찾아볼 수가 없어 숙회용으로 조금 샀다. 예년이라면 거들떠보지도 않았을 작은 것들이다. 한치가 아닌 반치쯤 될 듯하다.

세화오일장이 열리는 날에는 마음이 설렌다

'모모장'은 벨롱장을 대체해 단장한 세화의 마을 주도형 플리마켓이다. '구좌로 모두 모이장'이란 뜻을 가진 모모장은 세화오일장이 서는 날 건너편 질그랭이센터 옥상에서 열린다. 이곳에서 물건을 파는 40~50여 명의 셀러 중에는 함덕으로 이사 간 선자네도 있다. 선자는 형식과 함께 만든 실 팔찌, 동백오일, 젓가락 반지 등을 판다. 모모장도 짧은 시간 운영된다. 3시간의 북적임이 끝나면 언제 있었냐는 듯 흔적도 없이 사라진다.

가을이 코앞에 와있지만 바다 물빛은 여전히 곱다.
해변에 한참을 앉아 바라보다 생각해 봤다.
'이대로 여름을 떠나보내도 되는 걸까?'
계절이 바뀔 때마다 아쉬움이 남으면 늦은 거라는데….

세상에서 가장 아름다운 생선 가게

3장

가을과 겨울이 겹치는 자리

∞
평대스낵

 돌이켜보니 제주에 오기 전, 참 잘했던 일이 있다. 제주살이 선배들과의 인연을 미리 만들어 둔 것이다. 인연이 인연을 낳고 그렇게 내 삶의 믿는 구석이 되었다.

 지훈은 2014년 가을 우도에서 처음 만났다. 당시 모 캠핑 브랜드의 제품 촬영을 위한 자리였는데, 그는 막 제주에 내려와 정착하려던 참이었다. 16살이라는 심각한 나이 차이 차가 있었기에 처음에는 서먹했지만, 우리는 곧 가까워졌다. 캠퍼라는 공감대와 그의 저돌적인 붙임성 때문이었다. 지훈은 구옥을 리모델링해서 '제주안뜰'이라는 게스트 하우스를 차렸다. 그때 공사를 주도한 이가 그의 미대 후배 찬국이다.
 찬국이는 졸업 후 잠깐 다니던 회사에서 인테리어와 목공 기술을 어깨너머 배우고 감각을 익혔다. 그리고 제주에 내려와

실전 경험을 쌓으며 나름 실력자 반열에 올랐다. 찬국이는 제주에 여행 올 때 지훈에게 소개받아 그렇게 또 형, 동생이 됐다. 그는 제주의 수많은 구옥들을 뜯어고치며 자연스레 발을 넓히고 명성을 쌓아갔다. 한때 이효리가 운영했던 요가원도 그의 솜씨다.

그들로 인해 제주살이는 외롭지 않게 시작할 수 있었다. 고향이라는 동질감을 가지고도 쉽게 친해지기 어려웠던 로컬들에 비해, 생활 방식과 문화에서 동질감 있던 우리는 자주 어울리며 더욱 가까워졌다.

찬국은 기다렸다는 듯 성읍집 인테리어를 맡았다. 그는 인력이 모자랄 때마다 지인들을 불러 일을 시켰다. 앞집에 사는 형식과 선자는 내장 칠을 했고, 지훈의 또 다른 후배 동묵은 화장실 타일을 붙였다. 선자는 한국화 전공이고 동묵은 호주 유학 당시 타일 붙이는 일을 배웠단다. 이가 없으면 잇몸이 해결하는 제주 살이, 옆에서 지켜보니 더욱 재미있고 신기했다.

그러던 어느 날 새로운 인물이 나타났다. 그녀는 오후 내내 평상에 스텐오일을 발랐다. 나중에 알고 보니 찬국의 여자 친구 윤정이었다.

이대 앞에서 어머니와 떡볶이집을 하던 윤정은 가끔 쉴 때마다 제주로 여행 와서 올레 트레킹, 일주 라이딩을 즐겼다. 그러던 중 그녀는 제주 바다에 완전히 빠졌다. 그리고 2013년 여

평대스낵 옥상은 뷰맛집이다

름, 키우던 리트리버 두 마리와 함께 덜컥 이주해 버렸다. 장사에는 목적이 없었지만, 최소한의 생활비라도 벌어야 했기에 온평리의 게스트 하우스 내 작은 공간에서 두 시간씩 떡볶이를 팔았다.

강아지들과 자유롭게 뛰놀며 바다에 뛰어들 수 있는 제주는 그녀에게 그야말로 파라다이스였다. 몹시 행복했지만 그런 시간은 길지 않았다. 두 마리 모두 예기치 않은 사고로 잃어버린 것이다. 하늘이 무너지는 아픔, 그녀는 절망했고 한동안 헤어 나올 수 없었다.

그러던 윤정을 다시 일으킨 것은 바다였다. 녀석들과의 추억이 깃든 그곳을 기억에 담고 살아야겠다고 다짐했다. 이 무렵 윤정은 평대리에 가게를 얻어 이름을 '평대스낵'이라 지었다.

2016년 〈수요미식회〉가 평대스낵을 발견했다. 전현무가 찾아와 떡볶이와 한치튀김을 극찬한 것이다. 방송의 힘은 역시나 컸다. 한치튀김 맛집으로 소문 난 평대스낵은 평일에도 웨이팅 줄이 길게 늘어설 만큼 장사가 잘됐다.

그사이 그녀는 두 마리의 리트리버 '룸바'와 '맘보', 웰시코기 '쿠바'를 입양했고 제발로 찾아온 '콩가'를 품었다. 고양이 식구도 세 마리나 생겼다. 가게도 인근으로 옮겼다. 두 번의 화재가 있었기만, 제주살이의 최강자로 꼽힐 만큼 단단해졌기에 또다시 견뎌냈다. 사람 인연도 닿았다. 지금의 평대스낵 리모델링 공사를 맡았던 찬국과 우여곡절 끝에 연인이 됐다.

윤정이의 삶은 제주스럽다. 가게일 외에도 시간을 쪼개야 할 만큼 부지런하다. 봄이면 덕천리 들판에서 머위와 달래, 고사리를 따고, 여름이면 반 해녀가 되어 지낸다. 이틀에 한 번꼴일 만큼 술을 좋아하지만, 요가도 배우고 '한라봉쉼터'라는 유기견 시설에 나가 봉사활동을 한다.

최근 합류했다는 새 메뉴가 궁금해 아내와 평대스낵을 찾았다. 한치튀김, 떡볶이가 포함된 2인 세트에 김말이, 대파, 고추튀김을 추가해 주문하고 붉은색 지붕 너머 평대 바다가 예쁘게 놓인 옥상 자리에 앉았다. 하늘은 흐렸지만 바람은 맑았다. 꿉꿉함이 없는 바다라면 인근에 살아보고 싶다는 생각을 했다.

평대스낵

평대스낵의 떡볶이는 고추장이 하나도 들어가지 않는다. 그래서 혹시나 모를 텁텁함이 없다. 강도 2쯤의 매운맛도 오로지 고춧가루의 힘이다. 군더더기 없는 칼칼함이라서 튀김을 찍어 먹기도 그만이다.

10년 전 가게를 오픈할 당시, 구좌읍에는 생맥주와 떡볶이, 튀김을 파는 곳이 거의 없었다.

한치튀김이라면 제주에서도 거의 원조 격이다. 다리가 짧은 한치는 오징어보다 훨씬 부드럽다. 씹을 때면 마치 뽀드득 소리가 나는 듯 식감이 경쾌하다.

평대스낵의 튀김은 일본식이다. 시루스처럼 옷이 얇다. 그러다 보니 제주산 대파와 고추도 잘 어울린다. 식재료의 맛이 더욱 돋보이는 신메뉴도 내 입맛에 딱이다.

'튀김과 떡볶이에는 역시 생맥주'라고 가르쳐 준 평대스낵이건만, 금주 기간이라 참아야 했다. 최근 육지에서 찾아오는 지인들이 많아서 연속으로 달렸던 터였다.

지훈은 제주를 이렇게 표현한다.

폐를 고치러 들어왔다 간이 나빠 쓰러지는 섬이라고.

아, 그리고 찬국과 윤정도 오래오래 행복하게 지냈으면 좋겠다. 혹시나 서로 원수라도 되면 이 글을 지워야 할지도 모르니까.

제주 돼지고기는 다 맛있다

한때 제주를 찾았던 한 관광객의 하소연이 큰 논란거리가 됐다. 중문의 유명식당에서 비싼 돈을 주고 주문한 흑돼지 삼겹살에 지방이 너무 많았다는 내용이었다. 온라인 커뮤니티와 방송에서 이 사건을 접한 사람 대부분은 식당을 비난했고 이 사건은 점차 "제주가 너무해"라며 '싸잡아 분위기'로 확대됐다.

비계 삼겹살은 제주에서도 이슈였다. 이게 뭐라고, 둘 이상 모였을 때 단골 화제로 등장하곤 했다. 그런데 전국적인 추세와는 달리 의견은 둘로 나뉘었다. 어찌나 팽팽한지 싸움으로 흐르기 일쑤였다.

얼마 전 우리 집 인테리어를 해줬던 찬국이 제주 맛집 전문 유튜버 지훈이와 함께 흑돼지식당에 다녀왔다. 이름은 '모구리식당', 성읍민속마을에서 고성(성산)을 오가며 눈으로만 친해졌던 곳이다. 식당 대표는 지훈과 찬국이의 오랜 지인이라, 그들의 만남에 슬쩍 숟가락을 얹은 입장이 됐다.

"형님을 한번 뵙고 싶대요."

그럴 리가 없음을 진즉에 알았지만, 흑돼지란 이유로 못 이기는 체했고, 마음 한구석의 염치마저 슬쩍 접었다.

식당 안에는 손님이 꽤 많았는데, 벽에 걸린 사진 속에는 출연했던 방송 장면과 유명 연예인들의 모습도 있었다. 그래서인지 일반 고깃집과는 다른 품격이 느껴졌다. 흑돼지는 오겹, 목살 180그램 1인분에 22,000원, 모둠은 2인 기준 480그램에 58,000원이다. 물론 자주 먹던 백돼지보다는 가격이 높았고 정식, 두루치기, 특선 등의 항목을 더해 메뉴판 구성도 탄탄해 보였다.

"드셔도 됩니다."

드디어 신호가 떨어졌다.

'역시나!'

오랜만이었지만, 과거 10년간 먹었던 흑돼지의 모든 맛과 식감이 되살아났다.

'흑돼지 맞네!'

육질의 밀도, 쫀쫀함이 새삼스러웠다. 찬국이는 물론 나름 맛의 변별력을 갖췄다고 자부하는 '스티브 잡부' 지훈이의 표정도 좋았다.

흑돼지는 제주 도민들이 쉽게 먹어 볼 수 있는 음식이 아니

모구리식당은 간장게장도 맛있다

다. 특히 서민 신분으로 살아가는 녀석들이니만큼 더더욱 흔치 않은 기회였다. 말수가 줄어든 대신 젓가락이 춤을 췄다.

식당 대표가 '비계 삼겹살' 이야기를 꺼냈다.

"드셔보시니까, 일반 돼지와 비계 맛이 다르죠? 물컹거리는 식감이 없잖아요. 흑돼지는 육질이 촘촘해서 비계도 쫀득하죠. 사실 그 사건에 등장했던 흑돼지 삼겹살을 보면 그쪽 사장 처지에서도 억울함이 있을 거예요. 비계 부분이 조금 많기는 했지만, 고깃덩어리를 썰어 접시에 담다 보면 그렇게 나올 수도 있거든요."

그저 듣기만 했다. 두 눈은 육즙을 잔뜩 머금은 채 지글거리는 흑돼지 토마호크에 가 있었다.

제주를 찾는 관광객들은 흑돼지에 대한 환상이 있는 듯하다. 어디선가 듣고, 사진으로 봤던 똥돼지에 대한 기억 때문일 것이다. 1970년대까지만 해도 해도 제주의 전통 집들은 마당 한켠에 돌을 쌓아 만든 '돗통시'를 가지고 있었다. 넓적한 돌판 두 개를 발판 삼아 볼일을 보면 몸집이 작고 털이 새카만 돼지가 그 밑으로 달려들어 인분을 받아먹었다. 바로 제주 전통 흑돼지, 도새기(똥돼지)다. 도새기는 큰일의 밑천이었다. 상갓집과 잔칫집을 넘나들며 도민들의 입맛을 돋우고 배를 채웠다.

1980년대 초 화장실 개량 사업이 시작됐다. 사람들은 제주에서 모처럼 열렸던 소년체전이 이유였을 거라고 기억한다. 이후 돗통시는 점차 사라졌고, 개체 수가 줄어들던 도새기는 2015년 천연기념물 550호로 지정됐다.

현재 제주에서 유통되는 흑돼지는 농가에서 재래종을 분양받아 몸집이 큰 햄프셔, 육질이 연하다는 버크셔, 듀록 등의 품종을 교잡한 합성 종돈이다. 그런데도 제주에서 먹는 흑돼지는 여전히 맛있다. 사육환경이 좋고, 품종개량과 관리가 꾸준히 이어져 왔기 때문이다.

통계청 '가축 동향 조사'에 따르면 2023년 현재 제주 양돈 농가는 262호나 되고, 사육 돼지 수는 50만여 두라고 한다. 그 중 흑돼지는 25퍼센트, 희소성은 물론이고 백돼지에 비해 육색이 짙고 마블링 지수가 높다 보니 가격도 50퍼센트 이상 비싸다.

'산장가든'은 성읍민속마을 내에 있는 식당이다. 벌초 때마다 친척들과 뒤풀이하며 알게 된 곳이다. 주메뉴는 생고기와 돼지갈비, 말할 것 없는 제주산이다. 1인분 200그램에 15,000원이니 가격도 나이스하다. 산장가든에 흑돼지는 없다. 오로지 백돼지다.

그런데 산장가든의 고기도 대단히 맛있다. 30년 노포의 꾸준함도 있었겠지만, 무엇보다 튼튼한 공급처들을 가지고 있다는 점이 무기다. 제주 전역에 200개가 넘는 양돈 농장이 있으니 말이다. 산장가든의 네이버 평점은 4.9다. 매우 높다. 그런데 주 고객은 평점에 무관심한 로컬들이다. 로컬들은 먹는 방법도 특이하다. 소스로 나온 멜젓에 반복적으로 소주를 붓고 졸여낸 다음 고기를 찍어 먹는다. 그리고 적당히 배가 불러왔을 때, 양고추를 잘게 썰어 멜젓과 함께 다시 끓인다. 그리고 밥을 비빈다.

흑돼지를 능가할 수는 없지만 제주에서는 백돼지도 맛있다. 특히 마을 속속을 여행하다 보면 산장가든과 같은 진심 고깃집을 어렵지 않게 찾을 수 있다. 그리고 고기는 식당에만 있는 것이 아니다. 양돈 농가가 많다 보니 직거래 업체들도 꽤 있다. 조

제주 돼지고기는 다 맛있다

천읍 번영로변에 있는 '몬트락'은 단일농장(동부축산)의 돼지고기를 직접 유통하는 판매장이다. 신선한 고기를 부위별로 저렴한 가격에 살 수 있다는 장점 더하기 할인 행사도 많아 즐겨 찾는 곳이다.

    아직은 멀었지만, 하나씩 터득해 가는 중이다.
    여행도 삶도 기분보다는 실속이란 것을.

우연히 만나 사랑하게 된 제주 노을

일출과 일몰은 사진으로 놓고 보면 구별하기 어려울 만큼 닮았다. 아침에 찍어 놓고 낙조라 우기면 십중팔구 믿게 된다. 하지만 이렇듯 비슷한 장면도 정서적으로는 확연한 차이가 있다. 거기에 전지적 관찰자 시점까지 더해지면 취향으로까지 번진다.

언젠가 모 라디오방송에 출연했을 때, 섬을 여행하면 만났던 일출과 일몰에 대해 질문을 받았던 적이 있다. 질문의 요지는 '어느 것이 더욱 감동적이었는가?'였는데, 지금 생각해도 꽤 나이스한 대답을 했다.

"일출을 보려면 일찍 일어나야 하는 등의 노력이 필요하지만, 일몰은 의식하지 않아도 알아서 찾아오는 것 같아요. 그리고 해가 세상 밖으로 나오는 이후에는 모든 감동이 사라지지만, 해가 진 다음에도 여운은 이어지죠."

해지는 바닷가에서 생선회와 술 한잔을 즐기는 제주만의 낭만

어쨌든 부지런하지 않은 나의 삶은 일몰에 가산점을 준다. 해가 넘어가는 절정의 순간보다는 불그스레 잠겨가는 저녁이란 분위기가 좋아서 인지도 모른다. 미래와 희망이 아닌, 평화와 안정에 기댈 나이가 된 탓이다.

요 며칠 날씨가 쨍하더니 저녁마다 노을이 찾아온다. 그냥 바라만 보기에는 아쉬운 광경이다. 이럴 땐 KBS 클래식FM의

여행객의 얼굴만큼이나 붉은 조천포구의 낙조

〈세상의 모든 음악〉을 틀고 창 너머 들려오는 선율에 귀를 기울인다. 그러고 보면 노을은 그 자체로도 아름답지만, 또 다른 분위기와 어우러졌을 때 더욱 감동적인 것 같다.

　제주 노을이 가장 강렬하게 다가왔던 순간은 북쪽 조천포구에서다. 여행자의 신분으로 제주를 드나들 때, '스티브 잡부' 지훈이는 나의 믿는 구석 중 하나였다. 그는 누구보다도 맛집과 분위기 포인트에 능통했다. 끝내주는 낙조 스폿에서 술 한잔하자는 그를 따라나선 곳이 조천포구와의 첫 만남이다.

　포구는 한산했지만 명소라 할 만큼의 특별함은 없었다. 그

우연히 만나 사랑하게 된 제주 노을

때 물양장 뒤편으로 '조천수산'이라 적힌 창고 건물이 눈에 들어왔다. 당시 마을 이장이 위탁 운영한다는 일종의 회센터였다. 창고는 규모가 큰 편이었고 내부에는 광어, 우럭, 참돔 등으로 어종별로 분류된 노출 수족관이 있었다.

조천수산은 생선을 고르면 회를 떠 주고 양념과 술잔은 물론 테이블과 의자까지 빌려줬다. 이장이 가진 특권으로 널찍한 물양장을 앞마당처럼 쓰고 있다는 합리적 의심이 들었지만, 아무려면 어떤가. 시스템이 이해되자 설렘이 찾아왔다. 하늘을 봤다. 태양의 낙하지점이 가늠됐다. 노을과 생선회 그리고 술이라니, 생각만으로도 대박이다.

대여용 테이블은 필요 없었다. 이미 캠핑 장비를 준비했기 때문이다. 태양과 포구 그리고 우드 테이블이 늦은 오후의 강렬한 햇살 끝에 세팅되었을 무렵, 마트에 갔던 지훈이가 과하다 싶을 만큼 많은 술병을 들고 돌아왔다. 킬로그램당 3만 원 하는 양식 광어회는 육지에서 먹었던 것보다 훨씬 찰지고 고소했다. 흥분하면 손놀림이 빨라진다. 어느덧 소주 두 병이 털리고, 지느러미살이 차지하던 회 접시의 한쪽 모서리가 비워졌다.

태양이 수평선에 가까워지자 조천포구의 진가가 드러나기 시작했다. 사람들이 자리에서 일어나 그들의 얼굴만큼이나 발그레한 노을 앞에 섰다. 서로 다른 여행이 조천포구에 모여 대오 단결하는 순간이다.

조천포구의 노을은 술과 함께 즐길 수 있어 더욱 낭만적이다. 취기가 적당히 돌았을 때, 그 감동이 배가 된다. 낙조와 어우러진 제철 생선회와 밝은 웃음소리, 그 느낌을 모르는 사람은 있어도 한 번만 경험하고 끝내는 사람은 없다.

제주의 노을 하면 생각나는 한 곳이 더 있는데 '문도지오름' 이다. 제주의 서쪽을 여행할 때 우연히 들린 후, 두고두고 사랑하게 됐다.

문도지오름은 저지에서 오설록 녹차밭까지 이어지는 제주 올레 14-1코스의 중간부근에 있다. 한경면 방림원 사잇길을 따라 차량으로 10분 정도 들어가면 차도가 끝나는 지점에 목장이 나타난다. 이름하여 명성목장. 그 뒤편으로 봉긋하게 솟은 산이 문도지오름이다.

문도지오름은 사실 명성목장의 말 방목지다. 오름 대부분 땅을 소유하고 있지만, 길을 내어주고 자유로운 탐방을 배려하고 있다. 들머리에서 오름의 정상까지는 십여 분이면 족하다. 방목지답게 오름길에서 사람과 말은 쉽게 마주친다. 하지만 붉은 흙과 초지로 뒤덮인 능선에서 유유히 풀을 뜯는 말들은 여간한 인기척에 반응하지 않는다. '문도지'라는 이름은 '묻은 돝이' 즉 묻은 돼지를 뜻한다. 그래서인지 죽은 돼지 혹은 돼지 무덤처럼 산등성이가 완만하며 매끈하다

오름은 동쪽으로 열린 말굽형의 모습을 가지고 있으며 산정은 네 방향으로 다채로운 경관을 품고 있다. 뒤편으로는 한라산

우연히 만나 사랑하게 된 제주 노을

이 오롯이 조망되며, 금오름을 시점으로 신창풍차와 당산봉, 좌측으로는 산방산까지 이어지는 제주의 서남부권역이 드넓게 펼쳐진다.

문도지오름의 매력은 뭐니 뭐니 해도 저지곶자왈 너머 아스라이 저물어 가는 하루해의 감성이다. 내 책상 위에 붙은 'oreumer'의 '제주 100대 오름' 그림에도 문도지오름은 '일몰 보기 좋은 오름'으로 소개되고 있다.

봄, 가을 제주의 서쪽 하늘은 오후 6시가 넘어가면 이미 붉은 기운을 띄기 시작한다. 당산봉 너머로 곤두박질치는 태양과 빨갛게 타오르는 제주 하늘의 어울림은 가히 명장면이다.

그러나 노을 색이 절정을 이루는 때는 수평선 아래로 해가 떨어지고 난 다음이다. 이로부터 제주 하늘의 판타지를 즐길 수 있는 1시간 남짓, 출사를 나온 사진작가들과 웨딩 스냅사진 촬영을 나온 신랑·신부들도 이때를 주목한다. 이때 예고 없이 조랑말 한 마리가 카메오로 출연해 준다면 그야말로 굿샷이다.

제주도 역시 해는 서쪽으로 저문다. 그런데 간혹 길을 달리다 기대하지 않았던 곳에서 노을을 만날 때가 있다. 첫째는 제주 하늘이 비교적 청명하기 때문이며 둘째, 시야를 방해하는 높은 건물이 적은 까닭이다. 그리고 들고 남이 뚜렷한 해안선의 굴곡도 의미 있는 요인 중 하나다.

문도지오름의 노을 컷에는 가끔 말 한 마리가 등장한다

또 다른 제주의 노을 스팟 7

1. 표선해수욕장

집에서 불과 8킬로미터 거리에 있어 이따금 찾아가는 곳이다. 표선해수욕장은 깊게 만입 되어 있어 물이 빠지면 좌우 너비보다 더 긴 백사장이 모습을 드러낸다. 그 때문에 야영장과 공용 주차장 등의 편의시설이 해변의 우측면을 따라 길게 늘어선 보기 드문 형태를 띠고 있다. 표선해수욕장의 노을은 제주도 그 자체다. 동쪽 끝에 있지만, 한라산 조망을 품고 있기 때문이다. 하루해는 한라산 너머로 저물지만, 붉은 기운은 해수욕장을 넘어 포구 끝까지 와 닿는다. 한편 표선해수욕장 주변으로는 요즘 재개장한 해비치 리조트를 비롯 식당가와 카페 등이 몰려있다. 저녁 무렵 한적한 바다에 기대어 여행 감성을 느끼기에도 손색없는 곳이다.

2. 신흥리 포구

만입 된 해안에 풀등이 아름답고 어촌 정취가 물씬하게 풍기는 신흥리 옛개포구는 함덕과 조천 사이에 있다. 제주올레 19코스와 해안도로가 지난다. 용천수가 바다로 흘러드는 쇠물깍과 돌 펜스를 화사한 색으로 칠해 놓은 포토존 무지개 도로가 눈길을 끌지만, 아직 여행객들에게 많이 알려진 스폿은 아니다. 그 때문에 신흥리 포구의 노을에선 고요함과 평화가 느껴지는지도 모른다.

3. 김녕해수욕장 야영장

김녕해수욕장은 함덕이나 월정에 비해 화려함은 없지만, 자연미가 월등하다. 김녕해수욕장 야영장은 자연 발생적 캠핑장으로 현지 캠퍼들이 가장 많이 찾는 로컬캠핑의 메카다. 거침없는 조망, 드넓은 야생잔디밭은 김녕해수욕장

야영장의 자랑거리다. 야영장과 바다 사이로는 김녕항에서 하도리 해녀박물관까지 이어지는 제주올레 20길이 지난다. 야영장 앞 해변은 노을 색이 유난히 진하고 아름답다. 해 질 무렵이면 노을을 배경으로 촬영에 열중인 예비부부들이 쉽게 만날 수 있다.

4. 우도 홍조단괴해변

우연히 만나 사랑하게 된 제주 노을

낙조는 제주의 섬 우도 서쪽 홍조단괴해변 또한 둘째가라면 서럽다. 과거 산호사 해변으로 불리웠던 이곳은 해빈 퇴적물을 이루는 구성요소가 산호가 아닌 홍조류임이 밝혀지면서 새로운 이름을 얻었다. 아름답게 빛나던 푸른 바다와 백사장의 색이 바래 갈 무렵, 제주 본섬의 하늘을 붉게 물들이는 노을은 보는 이들의 발걸음을 멈추게 하며 깊은 감명으로 새겨진다.

5. 구엄포구

'하귀애월 해안도로'는 제주에서 아름답기로 손꼽히는 드라이브 코스다. 가문동포구에서 시작된 도로는 앙증맞은 카페와 펜션 사이를 뚫고 현란하게 펼쳐지는 하늘과 바다를

향해 달려간다. 구불구불 이어지는 도로를 달리던 여행객들이 반드시 멈춰서는 스폿이 있으니 그곳이 바로 구엄포

구다. 구엄포구는 '소금 빌레'라 불리는 제주 돌 염전의 자취가 남아있는 곳으로 '빌레'는 평편한 암반을 뜻하는 말이다. 이곳의 해넘이는 제주의 서쪽보다 훨씬 멀게 느껴진다. 하지만 그 붉은 기운은 빌레에 고인 바닷물까지 찾아와 반영된다. 구엄포구의 노을이 특별한 이유다.

6. 한림항

한림항은 제주의 북쪽을 나누는 기준점이다. 제주의 낙조에는 그 중심이 되는 피사체가 있다. 한림항의 일몰 샷에는 늘 비양도가 들어간다. 장소를 옮겨가다 보면 태양은 비양도의 왼쪽에 머물기도 하고 오른쪽으로 떨어지기도 한다.

한림항의 한수리방파제는 지역민들의 노을 맛집이다. 저녁 무렵이면 삼삼오오 모여들어 산책을 즐기거나 바닥에 앉아 낙조를 감상한다. 한림해안로가 끝나는 지점의 갯바위도

주목해야 할 낙조 스폿이다.

7. 신창풍차 해안도로

'신창풍차 해안도로'는 인공적으로 조성된 풍력발전기와 제주 해안의 거칠고 투박함이 절묘한 조화를 이뤄 이국적인 정취를 만들어내는 곳이다. 풍력발전기와 등대까지는 도보로 접근할 수 있으며 순환도로를 따라 주차장으로 회귀하게 된다. 햇살에 반짝이는 은빛 물고기 조형물은 밀물과 썰물, 보는 각도에 따라 색다른 모습을 연출한다. 제주에서도 가장 핫한 포토 스폿으로 손꼽히는 까닭에는 아름다운 노을도 큰 몫을 차지한다.

8

대체로 늙어 가지만, 때론 젊다

표선면 관내에 문화체육복합센터가 개장했다. 140억의 예산을 투입해 지은 지상 3층, 지하 1층의 대형 시설로 수영장, 헬스장, 다목적 강당을 포함하고 있다.

시설이 공개되기 전부터 주민들은 큰 기대를 품었다. 생활 인프라가 부족한 제주 변두리라서 더욱 그랬다. 관심은 표선목욕탕까지 흘러들었다. 목욕탕 언니들은 물론 아내도 수영복을 가져가 입어보고 탕 안에서 물을 첨벙이며 개장일을 손꼽아 기다렸다.

운동과 헤어진 지 3년쯤 됐다. 제주로 이주 후 적응하느라 겨를이 없었다고 우기고 싶지만, 돌이켜보면 줄기차게 게을렀다. 그래도 20여 년간 도시의 피트니스 클럽을 꾸준히 들락이며 나름 단단히 유지해 온 몸이었는데 근육이 어디 붙어 있었나 싶을 정도로 많이 망가졌다.

이번 생에 다시는 돌아갈 수 없을 거라 좌절하면서도 신경을 완전히 껐던 것은 아니다. 가끔 자전거도 타고 러닝도 했다. 그런데 길어야 한 달이다. 탄수화물을 줄이고 아주 가끔 간헐적 단식도 했다. 거의 매일같이 술과 안주를 먹고 마시면서 말이다.

그런데 아내는 달랐다. 살이 찌는 느낌만 들어도 곧바로 행동으로 옮겼다. 최근 두 달간은 표선목욕탕까지의 6킬로미터 거리를 매일 걸어간 다음, 목욕 후 버스를 타고 돌아왔다. 그리고 저녁을 걸렀다. 어쩌면 평생 비슷한 몸무게를 유지할 수 있었던 것도 그런 적극성 때문이었다. 둘째를 낳고 20킬로그램이나 불었을 때도 산후조리를 끝내자마자 공원을 뛰며 몸무게를 되돌려 놨으니까.

아내는 그런 남편이 걱정됐다. 무료 개방 기간에 먼저 다녀온 후 함께 운동할 것을 권유했다.

"한 달간은 무료 개방이래, 헬스를 해보는 건 어때?"

아내의 압력은 집요했다. 그리고 거절할 수 없는 한마디를 던졌다.

"혼자 다니려니까 심심하고 힘이 드네. 아침마다 같이 운동하러 가면 정말 좋을 텐데."

약함을 드러내며 읍소하는 아내는 지혜로운 여자다.

해 질 무렵 제주를 느끼는 시간

　문화체육복합센터는 집에서 10분 거리라 5시 40~50분에 출발하면 문 여는 시간에 딱 맞춰 입장할 수 있다. 표선해수욕장 앞에 있다 보니 신선한 아침 바다는 덤으로 따라붙는다.
　이른 시간은 별세상이다. 다른 루틴을 가진 사람들도 만나게 된다. 그들은 해변의 끝에서 끝까지 몇 번이고 왕복한다. 모래가 관절과 허리에 좋다는 누군가의 얘기는 로컬들에게 진리가 됐다. 그리고 여린 하늘을 보는 것만으로 하루 날씨를 예측해 보는 재미도 생겼다. 수평선이 흐릿하면 바람이 센 날이고 여단의 기운이 선명하면 온종일 맑고 덥다.

대체로 늙어 가지만, 때론 젊다

헬스장을 이용한 지 한 달쯤 되어간다. 마치 원고의 마감일만큼이나 아슬한 날도 있었지만, 그래도 빠짐없이 출근하고 있다. 몸도 조금은 달라졌다. 살덩이가 바짝 조여지며 근육도 올라왔다. 아내는 러닝과 수영을 번갈아 한다. 체중 관리와 더불어 고질적 허리 아픔까지 사라지기를 바라는 바람에서다. 물론 아내의 목욕탕에 대한 애정은 불변이다. 운동을 마친 다음 표선 목욕탕에 내려주면 목욕 후, 버스를 타고 집으로 돌아온다.

제주도는 이미 65세 이상 비율이 20퍼센트 이상인 초고령사회로 진입했다. 비교적 외지인과 젊은 층이 많은 제주시와 서귀포시 애월, 함덕 등의 해안가를 합친 통계이기 때문에 촌으로 갈수록 그 비율은 대폭 상승한다.

그래서인지 문화체육복합센터의 이용객들 또한 중장년층이 압도적으로 많다. 어르신들의 일부는 시스템에 대한 경험이 많지 않다. 그래도 눈치껏 줄도 서고 규칙도 지켜가는 모습을 보면 이런 게 삶인가 싶기도 하다.

마을의 구옥들은 크고 작은 마당을 가지고 있다. 그런데 대부분 콘크리트 바닥이다. 주민들이 연로하다 보니 청소 일감을 줄이려는 방편이다. 울타리의 나무들은 꽃, 열매, 잎사귀를 번갈아 떨어낸다. 그러다 보니 맨흙이라면 감당해 낼 수가 없다.

우리 집 마당에 잔디를 심었을 때도 많은 이들이 반대했다. 제주살이 3년 차인 지금은 어르신들의 그 경고를 실감하며 산다. 일주일에 한 번씩 잔디를 깎고 잡초를 뽑는다. 그리고 무수히 떨어지는 나무의 잔재들을 하염없이 주워 담는다.

그래도 콘크리트를 치고 편안해지기에는 아직은 이른가 싶다. 어수룩한 저녁, 가늘어진 햇살과 지친 바람이 쉬어가는 초록 마당을 여전히 사랑하니 말이다. 멈추면 사라져 버릴지도 모를 근골을 위해 매일 아침 표선까지 나가야 하는 까닭도 어쩌면 같은 느낌일지도 모른다.

제주에 살면서 대체로 늙어 가지만, 때론 젊다.

∞
어쩌다 비양도

　한림항 도선 대합실에 도착한 시간은 9시 20분 정각. '늦었구나' 하며 포기하려는 순간, 매표소 직원이 순발력을 발휘했다. 막 떠나려는 배를 멈추고 객실로 들어섰을 때 모든 시선이 내게로 와 꽂혔다.
　'차의 시동은 제대로 껐을까?'
　문득 떠올린 걱정 뒤로 땀줄기가 흘러내렸다. 모르겠다, 일단 잊고 섬으로 가자.

　배는 심하게 요동쳤다. 파도가 조금만 더 높았으면 결항했을지도 모른다. 사람들은 좌석에 앉아 창밖을 응시했다. 바닷물이 선실 창까지 튀어 올랐다.
　정확히 15분 후 비양도항에 닿았다. 사람들이 차례대로 내렸다. 반은 주민이고 반은 탐방객이다. 구름이 빠르게 흐르는 까닭은 심술궂은 봄바람 때문이다. 추위가 느껴질 만큼 쌀쌀했고, 하늘은 잔뜩 찌푸렸다가 금세 햇빛을 쏟아냈다.

관광객을 대상으로 가벼운 호객 행위가 있었다. 전에는 볼 수 없었던 모습이다. 얼핏 눈으로 둘러봐도 못 보던 식당과 카페가 많이 생겨났다.

비양도를 둘러보는 방법은 매우 단순하다. 섬을 둘러 조성된 해안 길을 따라 한 바퀴 돌고 비양봉에 올라 등대를 보고 내려오면 대충 끝난다. 그래도 돌아가는 배 시간까지 여유가 생긴다면 식당에 들어가 보말죽을 먹거나 소라회, 참게 볶음을 안주 삼아 막걸리를 마시면 된다.

매번 똑같은 코스다. 꼭 시계방향으로 걸음이 시작된다. 반대 방향으로 돌아도 아무런 문제가 없는데 말이다. 카페 앞에는 대여용 자전거가 여러 대 놓여 있었다. 1인용 5천 원, 2인용 만 원에 카페 이용자는 1인 1시간 무료란다. 그런데 비양도 해안 길은 순환 2.8킬로미터에 불과하다. 게다가 오로지 한 길. 라이딩을 즐기기에 섬 길은 좁고 또 짧다는 생각이 들었다.

마을을 빠져나오니 바다 건너의 협재와 금능해수욕장이 반갑다. 제주 본섬에서 바라본 비양도는 투명한 초록 바다에 반쯤 잠긴 예쁜 섬, 어느 계절이든 수채화처럼 맑다.

길이 서쪽으로 접어들고 제주 본섬이 시야에서 사라질 즈음이면 코끼리바위가 나타난다. 코끼리바위는 우리나라 섬에서 흔하게 만날 수 있는 이름이다. 바위의 한쪽이 파도에 침식돼

어쩌다 비양도

구멍이 뚫리면 영락없이 코끼리바위로 불린다. 그러다 보니 굴업도, 승봉도 그리고 울릉도에도 그 이름이 있다. 바위는 예상했던 대로 가마우지 군단이 점령하고 있었다. 눈이 내린 듯 바위 표면이 하얗다. 녀석들이 싸질러댄 배설물 때문이다. 가마우지는 우리나라 남쪽에서 겨울을 나는 철새였지만 점차 텃세화되어가는 추세다. 요즘은 민물가마우지란 이름을 달고 모든 계절, 우리나라 전역으로 세력을 늘려가는 중이다.

비양도는 고려 시대에 분출한 화산섬이라 알려져 왔다. 〈신증동국여지승람〉에 기록된 "1002년 제주 해역 한가운데에서 산이 솟아 나오고 그 꼭대기에서 4개의 구멍이 뚫려 닷새 동안 붉은 물이 흘러나온 뒤 그 물이 엉기어 기왓골이 되었다"라는 내용 때문이다. '날아온 섬'이라는 뜻의 이름도 그로 인해 붙여진 것이다. 그런 비양도에서 신석기시대와 기원 전후의 것으로 추정되는 토기가 출토되었다. 그전에도 사람이 살았다는 얘기가 된다. 그리고 바닷가 용암의 생성 연대도 2만 7,000년 전임이 판명됐다. 그때 생성된 화산체는 사라졌지만 흔적들은 서쪽 해안가에 또렷하게 남아있다.

높이 4.5미터, 직경 1.5미터의 '애기업은 돌'은 비양도에 남아있는 40여 개의 호니토Hornito 중 원형으로 남아있는 유일한 것이다. 호니토는 용암 내의 가스 분출로 생긴 소규모 화산체인데 대개는 내부가 빈 굴뚝 모양이다.

비양도 팔랑못에서의 캠핑

　임신한 여인이 아이를 업은 모양을 한 호니토에는 구슬픈 전설이 담겨 있다. 130여 년 전, 구좌읍 김녕리에 사는 해녀들이 물질을 위해 비양도에 들어왔다. 작업을 마친 후 모두 돌아갔으나 우연히 아기를 업은 한 해녀만 섬에 남게 되었고 남편이 자신을 데리러 와주기를 하염없이 기다리다 망부석이 되었다는 이야기이다.
　김녕에서 한림까지는 교통이 좋아진 지금도 1시간 반은 족히 걸린다. 100년이 훨씬 지난 이야기니 만큼, 해녀들은 테우(통나무를 엮어서 만든 배)를 타고 50킬로미터가 넘는 바닷길을

어쩌다 비양도

오갔을 것이다.

돌아온 해녀들 사이에 아내가 없는 것을 알게 된 남편 그리고 그런 남편이 찾아와 줄 거라 믿었던 아내, 때마침 폭풍우가 몰아쳤음에도 남편은 성난 파도를 가르며 노를 저었을 테지.

바닷가에 선인장 군락이 생겨났다. 손바닥 모양의 자생종인 것으로 보아 월령리에서 바다를 건너온 것으로 추측된다. 월령리가 선인장 마을이 된 까닭도 멀리 남방에서 구로시오 난류를 타고 왔던 씨앗 때문이다. 현재의 추세대로라면 선인장이 비양도의 명물로 등극할 날도 멀지 않았다.

'팔랑못'은 바닷물이 뭍으로 흘러들어와 커다란 연못을 이룬 염습지로 마을과 비양봉 사이에 있다. 밀물 때는 연못 아래에서 바닷물이 솟아나고 또 비가 내리면 민물이 고이기도 한다.

몇 년 전 비양도에서 하룻밤 야영을 한 적이 있다. 그때 텐트를 쳤던 곳이 바로 팔랑못이다. 섬에서의 하룻밤은 역시 잊을 수 없는 경험이다. 저녁이 되면 무수한 생명들이 민물과 바다의 경계에서 쉬어가고 있음을, 그리고 한라산을 타고 오른 협재의 불빛이 제주 하늘을 보랏빛을 물들인다는 사실도 알았다.

최근 팔랑못의 생태에 관해 관심이 높아지면서 데크로드의 일부가 철수되고 못 주변에 있던 정자도 해안 쪽으로 옮겨졌다. 한결 자연스러워진 팔랑못은 철새들의 서식처가 되었다. 전에 없었던 염생식물 황근도 눈에 띄었다. 여름이면 노란색의 꽃을 피워 노랑무궁화로 불리는 황근은 멸종위기 야생식물 2급으로 지정된 토종 식물이다. 팔랑못의 환경이 복원지로 적당해서 작년에 식재한 것이라 한다.

비양봉 탐방로는 마을 사이에 난 길을 따라 뒤편으로 이어진다. 경사면마다 나무 계단이 놓여 있어 정상(114미터)까지 그저 편안하게 발걸음만 옮기면 된다. 정상의 무인 등대는 비양도의 대표적 포토존이다. 비양도에 왔다면 이곳에서 사진 한 장은 남겨야 한다. 비양봉 전망대는 한림항, 금릉, 협재해수욕장은 물론 한라산까지 이어지는 파노라마를 품고 있다.

탐방객 대부분은 대략 2시간 남짓 비양도에 머문다. 매표소에서도 9시 20분 표를 끊으면 11시 35분 배로 돌아올 것을 권한다. 걷기만 한다면 부족함이 없는 시간이다. 그러나 여유와 느긋함으로 섬을 즐기려면 하룻밤은 아니어도 적어도 두 세 배의 시간은 필요하다. 여행의 기억과 보람은 오래 머무는 자가 훨씬 많이 가져간다.

섬 탐방을 마치고 한림항으로 돌아갔을 때 우려가 현실이 되었음에 좌절했다. 시동을 끄지 않았던 탓에 배터리가 방전된 것이다. 보험사 긴급출동을 불러 충전을 하고 길을 나서려는데 괜스레 웃음이 났다. 도대체 한두 번도 아니고 왜 이러는 건지.

어쩌다 비양도

삶을 이끌어 온 아름다운 공동체 제주 해녀

외할머니는 해녀로 살았다. 4.3 사건으로 할아버지를 잃고 홀로 되었을 때 나이가 29세였다. 억척스레 바닷일을 하며 홀로 3남매를 키웠다. 그녀는 상군 중의 상군으로 제주 동쪽 지역에서 그 명성이 자자했다.

할머니의 주 종목은 미역이었다. 그녀의 미역은 품질이 좋아 찾는 사람이 많았다. 직접 물질도 했지만 장사수완도 뛰어났다. 해녀들에게 미리 돈을 나눠주고 채취된 미역을 수집해 육지에 내다 팔기도 했다.

그런 할머니를 둔 덕에 어린 시절에는 '1일 1전복'을 먹을 수 있었다. 첫 손자에 대한 그녀의 애정은 각별했다. 육지로 올라간 손자를 위해 매달 소포를 보냈다. 혹시 새거나 상하지 않을까, 몇 겹씩 싸고 동여맨 그 속에는 소라, 전복, 성게, 문어, 미역, 말린 옥돔 등이 들어있었다.

고백하건대 할머니의 소포가 그리워진 것은 성인이 되고도 한참 지난 후다. 당연한 일인 줄 알았던 소포 하나에 얼마나 많은 정성이 들어가 있었는지도 그제서야 알았다.

군부를 제주에서는 '군벗'이라 부른다. 껍질이 단단한 딱지조개를 일컫는 말이다. 소포에는 군벗젓이 단골처럼 들어가 있었다. 전복이나 소라젓만큼의 화려한 맛이 아니었기에 냉장고에 넣어두고 가장 늦게 먹었다.

그런 군벗젓에 많은 수고가 들어간다는 것도 나중에야 알았다. 갯바위에 단단하게 붙어있는 군벗은 떼어내는 일도 힘들지만, 정작 고생은 그다음부터다. 딱딱하고 검은 껍질을 돌에 비벼 제거해야 한다. 그리고 소금물로 씻은 다음 항아리에 담고 다시 소금을 뿌려 숙성시킨다. 이렇게 심오한 과정을 거친 군벗은 고춧가루, 마늘 등에 버무려져 젓갈이 된다. 할머니는 일반적인 양념 대신 '게옷'(전복내장)을 넣었다. 그야말로 특제 군벗젓인 셈이다.

외할머니는 90세까지 소포를 보냈고 100세를 닷새 앞둔 2017년 12월 25일 하늘나라로 가셨다. 군벗젓은 당신을 떠올릴 때 가장 생각나는 음식이다. 지금은 제주 어느 식당에 가도 군벗젓을 볼 수가 없다.

'해녀박물관'과 '해녀의 부엌'은 외할머니에 대한 그리움을 돋아나게 했던 곳들이다. 미처 알지 못했던 할머니의 삶을 돌아볼 수 있었다.

해녀박물관은 2006년 개관했다. 제주 해녀들이 남긴 소중한 문화유산을 발굴, 보존해 그 문화를 이어가기 위한 취지에서다. 본관 1층 로비에서 전시실로 들어서면 가장 먼저 제주 전통 초가집이 관람객들을 맞이한다. 실제 해녀(이남숙, 1921~2008)가 거주했던 집을 그대로 옮겨와 복원한 것이다. 제주 초가의 재료는 자연에서 흔하게 볼 수 있는 돌, 흙, 나무, 띠와 같은 것들이다, 바람을 이겨낼 수 있도록 지붕은 낮게 했으며, 굴묵 난방의 효율성을 위해 방을 자그마하게 만들었다.

이곳에서는 식사 문화도 엿볼 수 있다. 제주에서는 몇십 년 전만 해도 밥을 '낭푼'이라 부르는 큰 그릇에 담아놓고 숟가락을 부딪치며 먹었다. 식기나 식량 등 모든 것이 귀했지만, 무엇보다 물때에 맞춰 바다로 나가야 하는 아녀자의 바쁜 삶이 투영된 전통이다. 호박잎이나, 콩잎으로 쌈 싸 먹기, 모닥치기(한 번에 섞어 먹는 음식), 두루치기 등도 간결한 식사를 위한 방편이었다.

'불턱'은 해녀들이 옷을 갈아입고 물질을 준비하며 또 휴식을 취하는 장소였다. 할머니에서 어머니로 그리고 딸에게로 이어지는 수련의 장이며 소통과 의사결정을 위한 공간이기도 했다.

제주 해녀는 공동체 문화를 가지고 있다. 해녀는 물질의 경

채취한 해산물을 정리하는 해녀들

제주시가 보급하는 유색 해녀복

박으로 만든 초기 테왁

온 가족이 모여 먹었던 제주의 옛 밥상

험과 숙련도에 따라 상군, 중군, 하군으로 나뉜다. 하지만 연장자를 존중했고 연소자들에겐 애기바다를 기력이 좋지 못한 할머니들을 위해 할망바다를 배려했다.

해녀들은 1960년대 이전까지만 해도 '물소중기'(하의) '물적삼'(상의)이라 부르는 무명으로 된 해녀복을 착용했다. 고무옷이 보급된 1970년대 들어서야 장시간 작업이 가능하고 능률도 크게 올랐다. 2층 전시실에는 해녀복 외에 수경, 테왁, 망사리, 빗창, 까꾸리 등 민속문화재로 지정된 그 시절의 도구들 또한 유리관 안에 가지런히 전시되고 있다.

해녀들은 19세기 말 말부터 한반도 전역은 물론 일본, 중국, 러시아 등으로도 진출했다. 이를 '출가 해녀'라고 부르는데 이들은 당당히 제주 경제의 한 축을 담당해 왔다. 해녀들은 지역에도 헌신적이어서 기금을 조성하여 마을 일을 도왔으며 학교 건물을 신축, 재건하는 데 큰 도움을 주기도 했다.

해녀들의 삶을 들여다보며 그녀들이 바다에서 직접 채취한 해산물 요리를 먹을 수 있는 곳, 바로 '해녀의 부엌'이다. 해녀의 부엌은 종달리를 본점으로, 북촌에 2호점이 있다.

본점은 현직 해녀와 그녀를 빙의한 연기자가 출연, 연극 형식으로 공연한 후 뷔페식으로 요리를 제공한다. 첫 번째 코너는 어머니의 뒤를 이어 운명적으로 해녀의 삶을 살아왔던 해녀, 공부를 포기하고 가장의 역할을 해야 했던 해녀, 아이를 밴 채 원정 물질을 떠나 사고를 당했던 해녀 등 다른 듯 또 같은 주제를 가지고 옴니버스 형식으로 진행된다. 관객들은 제주 해녀의 억척스러운 삶과 내면의 고단함을 들여다보며 감동하고 눈물을 흘리기도 한다.

북촌점은 12명의 예술가가 만들어 내는 미디어아트를 기반으로 한다. 프라이빗 공간에서 소수 인원만을 위한 코스 요리가 제공된다는 점에서 본점과 차별된다.

미디어아트 영상은 70년대 북촌리 해녀의 모습을 시작으로 어느 순간 깊은 바닷속으로 관객들의 시선을 끌고 들어간다. 그리고 이야기는 4. 3으로 이어진다. 북촌리는 당시 희생자가 유독 많았던 동네 중 하나다. 현기영의 단편 소설 〈순이삼촌〉에 등장하는 학살 현장 '너븐숭이'도 이곳에 있다.

외할머니는 평생을 그리워했을 외할아버지 곁에 묻히셨다. 돌아가실 때의 모습으로 만나셨다면 백살 할망은 스물아홉 젊은 할아방을 끌어안고 꺼이꺼이 통곡을 하셨을지도 모른다. 기구한 제주 근대사를 몸소 겪으며 평생을 보내셨던 할머니, 돌이켜보면 그 삶은 '해녀의 전설'이었다.

제주에는 현재 3,400여 명 정도의 해녀가 활동 중이다. 하지만 안타깝게도 대부분 연로해서 그 숫자는 해가 거듭될수록 줄어드는 실정이다.

해녀는 아무런 기계 장치 없이 자기 호흡만을 가지고 바닷속에 들어가서 해산물을 채취하는 여성을 말한다. 2016년 제주 해녀는 독특한 문화적 가치를 인정받아 인류무형문화유산으로 등재됐다.

삶을 이끌어 온 아름다운 공동체 제주 해녀

성읍민속마을 전통민속 재현 축제

조선 시대 제주도는 제주목, 대정현, 정의현이란 이름을 가진 3개의 행정구역으로 나뉘어 있었다. 그중 정의현은 한라산 남쪽, 지금의 성산읍 시흥리부터 서귀포시 법환동까지를 포괄했다. 성읍마을은 정의현 읍치 즉 관아가 있던 곳이다.

600년간 정의현의 중심지로 역사를 이어온 성읍마을은 1984년 '중요민속자료', '국가지정문화재'가 되었다. 우리에게는 성읍민속마을로 잘 알려졌지만, 공식 명칭은 하회마을, 외암마을과 같이 '성읍마을'이다. 참고로 우리나라에는 9개의 민속마을이 있다.

2023년은 성읍마을이 정의현의 읍치가 된 지 600년이 되던 해였다. 그래서 '600년의 역사 일천 년의 미래'란 타이틀로 '전통민속 재현 축제'를 크게 열었다. 제주목사 순력 행차 등 각종 재현 프로그램도 주목을 받았지만, 요즘 잘 나간다는 박서진, 요요미 등 트로트 가수의 공연 때는 난리도 아니었다. 육지에서 건너온 팬클럽 회원들이 같은 색의 옷을 입고 행사장을 거의 점령해 버릴 정도였다. 잠시 주객이 바뀐 듯한 느낌도 있었지만 지역 주민들에게는 이 또한 유명 가수의 공연을, 그것도 무료로 즐길 수 있는 둘도 없는 기회라 생각하니 축제의 의미가 한층 다르게 느껴졌다.

    성읍마을의 축제는 매년 가을 열린다. 올해로 벌써 30회째다. 작년만큼은 아니지만 올해도 나름 풍성하게 준비했다. 축제는 역시 먹거리, 볼거리, 체험 거리가 골고루 차야 제격인가 보다.
    성읍마을은 8개 반으로 구성돼 있다. 주민이 무려 1,000여 명에 달하는 큰 마을이기 때문이다. 각 반은 축제 전에 반상회를 열어 제각기 전통음식과 재현 거리 한 가지씩을 준비한다.
    우리 1반은 작년에 이어 보리빵과 도깨질로 정했다. 벼농사를 지을 수 없었던 제주에서 보리는 도민들의 주요 식자재 중 하나였다. 보리빵은 옛날에는 없어서 먹었지만, 요즘에는 없어서 못 먹는다는 나름의 핫한 음식이다. 도깨질(도리깨질)은 일종의 마당일로 멍석 위에 곡식을 늘어놓고 도깨로 내리쳐서 낱알을 터는 작업이다. 도깨는 굵고 단단한 장대에 회전이 가능한 두 개의 가는 막대를 연결해 만드는데 얼핏 다루기에 간단해 보여도 나름 리듬을 타면서 휘두르는 기술이 있어야 한다.

성읍민속마을 전통민속 재현 축제

축제 당일, 아내와 나는 갈옷을 입고 고무신을 신은 채 행사장으로 출근했다. 마을 어르신들과 좀 더 익숙해지고 주민으로 인정받을 기회라 살짝 설레기까지 했다. 아내는 보리빵 파는 일을 맡았고 특별한 임무가 없던 나는 카메라를 들고 여러 부스를 기웃거리기 시작했다.

마을 내에는 19개의 공방이 운영되고 있다. 축제의 성격상 모두가 참여하지는 않았지만, 나무판에 전통의 문양과 색을 입혀 자기만의 플레이트를 만드는 젠단청의 도마체험과 국궁 활쏘기에는 꽤 많은 사람이 몰렸다. 그리고 오메기술과 고소리술 시음 및 판매 부스도 인기가 있었다. 오메기술은 농주로 마시던 토속주다. 재료는 좁쌀을 사용하는데, 이것으로 떡을 만든 다음 누룩과 함께 반죽하여 발효시켜 만든다. 또 술독에 웃 뜬 술을 따로 떠내면 청주가 되고 술밑 즉 주모酒母를 고소리에 담아 증류하면 40~45도에 이르는 고소리술이 완성된다.

제주는 큰 섬이다. 그러다 보니 농사짓는 작물도 지역에 따라 달랐다. 일찍이 동부에는 메밀, 서부는 콩이 많이 났다. 제사나 차례 때 각각 두부와 메밀묵을 올렸던 것도 그런 이유다. 동부의 중심 성읍마을에는 다양한 메밀 음식이 전해져 내려온다. 메밀은 제주어로 '모멀'이라 부른다.

빙떡은 이름도 가지가지다. 외지 손님을 맞이할 때 내던 떡이라 해서 빈떡, 둘둘 말아 먹는다고 멍석떡, 메밀전을 넓게 지

빙떡을 부치기 위해 불을 지피는 아낙들

져 만들기 때문에 전기떡이다. 게다가 한자음 떡 병餠이 부르다 보니 '빙'이 되었을 것이라는 이야기 역시 설득력 있게 들린다.

빙떡은 번철 위에 돼지기름을 두른 다음 묽은 메밀 반죽을 둥글고 넓적하게 부쳐낸다. 그리고 그것에 무채로 만든 속을 올리고 한 번 접어 밀어 말면 완성이다. 빙떡은 담백하고 든든해 밭에서 일하다 참으로 먹기에 더할 나위 없었단다. 또한 제사 때 부조 대신으로 가져가기도 했다니, 제주를 대표하는 전통음식임이 틀림없다.

메밀가루를 뜨거운 물로 반죽해서 납작하게 원형 틀로 찍어낸 후, 그것에 무채 소를 넣고 팥고물을 묻혀 만든다는 '모멀만듸'는 처음 먹어보는 것이었다. 메밀이 가진 고유의 담백함에 소의 촉촉함까지, 여기에 팥고물의 달콤함까지 더해지니 입맛에 너무도 잘 맞았다.

그 밖에도 굿이나 장례 때 주로 먹었다는 돌레떡, 보리나 밀가루를 쉰다리로 발효시켜 만든 상외떡, 제주의 대표 관광상품 오메기떡, 알고 보니 시루떡이었던 시리떡, 메밀을 넣고 끓이면 그대로 한 끼가 되는 모멀죽까지. 이토록 버라이어티한 전통음식을 먹어볼 기회라니, 축제로 인해 절로 행복해졌다.

전통 축제를 가장 흥겹게 즐기는 사람들은 역시나 주민들이다. 어르신들이 70~80세라면, 젊은이들은 50~60세다. 40대 이하라면 거의 천연기념물 수준이다. 어르신들의 귀여운(?) 잔

성읍민속마을 전통민속 재현 축제

소리에도 젊은이들은 군말 없이 움직인다. 전통은 이렇게 이어지는가 싶기도 하다.

공연이 끝나고 축제의 마지막 프로그램 경품 추첨이 있었다. 바람이 불고 비가 날리는 밤이었지만, 마을 사람들은 자기 이름이 불리기를 끝까지 기다렸다. 과거 대형 할인점에서 드럼세탁기를, 작년 축제 때 전복 세트를 탔던 아내는 내심 자신의 운을 믿는 듯했다. 하지만 올해는 꽝이다.

집으로 돌아오며 문득 10년 후가 걱정됐다. 제주 그리고 성읍에 살기로 한 이상, 전통을 거슬러 갈 수는 없을 듯하다. 마을에는 '무형문화재전수관'과 '제주민요보존회'가 있다. 언젠가 그곳에서 초가지붕 올리는 일과 소리를 배워야 할지도 모른다는 생각도 했다.

아내가 사랑하는 용눈이오름

아내가 육지에 갔다. 명목은 지인의 결혼식 때문이라지만, 병원도 몇 군데 들리고 아이들이 사는 집 정리도 해놓고 온다 한다. 그녀의 머릿속에는 다 계획이 있다. 닷새의 시간을 허투루 쓰지 않을 것을 알기에 쉬엄쉬엄 다니라는 입바른 걱정도 했다.

아내는 마당에 나뭇잎 한 장 떨어져 있는 꼴을 못 본다. 슬그머니 사라지면 십중팔구 마당에 나가 잡초를 뽑거나 나뭇잎을 쓸어 담고 있다. 키 큰 동백나무와 신낭은 말이 상록수지 일 년 내내 잎, 꽃, 열매를 돌아가며 싸지른다. 아내의 허리 통증이 고질병이 된 것은 순전히 그 때문인가 싶다.

바람이 불더니 잔디 위에 잎이 후드득 떨어져 나뒹군다. 마당에 나가 허리를 굽혀 줍기 시작했다. 한 시간이 후딱 지나갔다. 아내는 깨끗한 잔디를 바라보며 커피를 마시면 더욱 기분이 좋아진다고 했다. 커피를 내려 들고 평상에 앉았다. 초록을 거머쥐었지만, 기분은 그저 그랬다. 문득 생각했다.
'내가 여행을 떠났을 때 그녀도 같은 느낌이었을까?'

마침 고성 장날이다. 구경도 할 겸 나섰다가 계란 두 판을 샀다. 그러고 보니 지난겨울 아내가 육지에 갔을 때도 그랬다. 그때 산 토종닭 유정란은 한 알에 노른자가 세 개씩이나 나왔다. 아내의 빈자리를 계란으로 채우려 드는 것이 어쩌면 생존 본능인가 싶기도 했다. 그녀와 함께라면 이것저것 구경하며 수다도 떨고, 찐 로컬 시골밥상에 들어가 제육 정식이라도 먹었을 텐데, 계란만 달랑 사고는 오일장을 빠져나왔다.

그냥 집으로 돌아오자니 마음 한구석이 퍽퍽했다. 그래서 무심코 들어선 길이 수산리 방향이다. 제주 성산읍 수산에서 구좌읍 송당까지 이어지는 11킬로미터 구간의 공식 도로명은 '금백조로'다. 그런데 이곳 사람들은 '제주 오름로'라 부르기도 한다. 되바라지지 않은 두 지역 사이에 제주 오름의 대표급 선수들이 잔뜩 모여있기 때문이다. 백약이오름, 아부오름, 동검은이오름, 다랑쉬오름, 높은오름, 손지오름, 좌보미오름, 밧돌오름 등등…. 드라이빙만으로도 동쪽 오름들의 화려한 스쿼드를 맘껏 감상할 수 있는 길이다.

아내는 특히 오름로 끝부분에 있는 용눈이오름을 좋아한다. 주변 18개의 오름 중 으뜸이라는 명성 때문이라기보다는 단지

오름에 딸린 작은 봉우리는 선셋 포토존이다

오르기 편해서다. 과거 용눈이오름은 하루 3,000~4,000명 정도의 탐방객이 찾아드는 관광 명소였다. 제주를 찾는 여행객의 일정표에 빠지지 않았던 데는 남녀노소 누구나 쉽게 오를 수 있는 편안한 난이도도 한몫했다. 해발 247.8미터로 나지막한 데다 중산간 지역에 자리해 있는 이유로 그것도 88미터만 오르면 정상에 닿을 수 있기 때문이다. 결국 오름은 과부하에 제어 기능을 잃었고 심각한 생채기를 입었다. 주변에는 쓰레기가 쌓이고 탐방로는 맨흙이 드러날 정도로 훼손됐다. 그래서 결정한 것이 2년 2개월 동안의 자연휴식년제다. 사람 발길이 끊긴 자연은 놀라운 복원력을 발휘 점차 본래의 모습을 찾아갔고 2023년

아내가 사랑하는 용눈이오름

7월 다시 개방하여 탐방객을 맞기 시작했다.

    용눈이오름은 세 개의 분화구를 가진 몇 안 되는 오름 중 하나며 인체에 비유되는 우아한 곡선미를 가지고 있다. 김영갑 사진작가 또한 용눈이오름을 그 누구보다 사랑했다. 나무숲 없이 맨살 같은 초지를 고스란히 드러낸 용눈이오름은 사계절 각기 다른 색을 품고 있다. 특히 억새가 넘실대는 갈빛 가을과 눈으로 덮인 하얀 겨울은 풍광의 정점으로 꼽힌다. 용눈이란 이름은 용의 눈이 아닌, '용와악龍臥岳', 즉 용이 누웠던 자리라는 뜻을 담고 있다. 옛사람들에겐 움푹 팬 정상 화구가 그리 보였는지도 모른다.

    용눈이오름의 탐방로는 예전과 많이 달라졌다. 들머리에서 능선까지 이르는 길에 펜스를 설치해 탐방로를 벗어나지 않도록 했다. 바닥에 야자 매트를 깔아놓은 것도 새롭다. 그리고 정상 굼부리는 일부만 개통했다.

    작년 여름, 가을, 겨울 그리고 봄, 아내와 나는 용눈이오름을 찾아갔다. 그중 가장 기억에 남는 계절은 가을이다. 스멀스멀 키를 높이기 시작한 억새와 수크령이 정겹게 펼쳐진 능선길, 마침 붉게 물들어가는 하늘이 그토록 아름다웠다.

    주차장에 차를 세우고 급하게 화장실로 들어갔다. 그런데 웬걸 바닥이 꺼져있는 게 아닌가. 들머리에 화장실을 갖춘 오름

정상굼부리에서 한라산을 만나던 날

이 많지 않아 나름 편리하게 이용하고 있었기에 부실공사를 탓하며 일을 보고 나왔다. 그리고 홀로 초록을 거머쥐고 능선을 올랐다. 용눈이오름의 정상까지는 천천히 걸어도 20분이면 족하다. 굼부리로 오르기 전 탐방로 우측으로 봉긋하게 솟은 언덕은 포토존이다. 하늘과 맞닿은 지점에서의 단독 샷도 좋고, 저녁 무렵이라면 높은오름, 손지오름, 동거문이오름 등을 배경으로 멋진 노을 사진도 담을 수 있다.

용눈이오름 정상에 서면 앞으로는 일출봉과 우도가 선명한 제주의 동쪽 해안이, 그리고 뒤쪽으로는 한라산이 조망된다. 힘들이지 않고 제주의 모든 풍경을 만끽할 수 있는 내 아내의 명소다.

집에 돌아와 용눈이오름에서 찍은 사진을 SNS에 올렸더니 '용눈이오름이 뉴스에 나오더군요' 하는 댓글이 달렸다. 알고 보니 꺼져있던 화장실 바닥이 무너져내려 10대 학생이 갇히는 사고가 난 것이다. 화장실을 다녀온 지 2시간 후의 일이라 가슴을 쓸어내렸다.

결국 기존 화장실은 철거, 7월 말까지 신규 화장실을 설치한다니 아내와 함께 기념 삼아 다녀올 일이 생겼다. 화장실 앞에서 사진도 한 장 찍어야겠다.

8
벌초와 아버지

　벌초를 앞두고 부모님이 내려오셨다. 아버지의 기력이 예전만 못하고 도통 입맛이 없으시단 이야기를 들어오던 터라 식사에 특히 신경이 쓰였다.
　아버지는 1936년생이다. 10년 전만 하더라도 산악회장 직함을 4~5개나 가지고 있을 정도로 혈기 왕성하셨다. 애주가였고 무엇보다 가리는 음식이 없을 정도로 식욕도 좋았다. 아버지가 약해진 데는 나이 탓도 있겠지만, 혈액암과 척추미세골절 등의 병마와 싸우면서 체력을 소진한 것이 더 큰 원인이다. 비록 짧은 일정이지만 계시는 동안만이라도 잘 드시고 더 즐거우셨으면 하는 마음이 들었다.

　아내의 첫 번째 상차림은 돔베고기와 시래깃국이다. 그런데 말이 시래기지 엄밀히 말하면 무청국이다. 동네에는 널찍한 무밭이 많다. 제주 무가 유명한 만큼 출하는 대부분 밭뙈기로 이뤄진다. 한바탕 작업이 끝난 무밭에는 말 그대로 파지들이 남는데, 누구든 가져다 먹어도 뭐라는 사람이 없다.

무청은 삶은 후 찬물에 반나절을 담가둔다. 그리고 소쿠리에 건져 올려 멸치 가루, 된장, 식용유로 버무린 후 냉동실에 넣어두면 끝이다. 습기가 많은 제주에서는 고사리도 건조하지 않고 바로 냉동해서 쓰는 집이 많다. 아내는 소분해 둔 무청 한 덩이를 꺼내 국을 끓였다.

아내의 돼지고기 삶는 법은 간단명료하다. 조천의 농장직영 몬트락에서 사 온 돼지 전지 덩어리를 끓는 물에 넣고 중간 불로 1시간쯤 삶아낸다. 육지에서 했던 것처럼 된장이나 커피 가루 등을 첨가하지 않고 참치 액젓 한 숟가락과 소금으로만 간을 한다. 그러다 보니 기름을 걷어낸 국물은 국수나 찌개 육수로도 사용할 수 있다. 본디 고기국수의 육수도 돼지 삶은 물이 아니었던가.

고기의 등급이나 조리법에서 특별할 것 없는 돔베고기도 믿는 구석이 있다. 잘게 썰어낸 자리젓, 마당 한 켠에 심어 둔 콩잎, 아내가 심혈을 기울였다는 명이나물 장아찌가 바로 그것이다. 특히 콩잎은 가난했던 학창 시절, 아버지가 애정하던 밥 동무다. 늦여름 더운 오후의 맛이 당신의 추억을 소환했음도 당연지사.

아, 그리고 표선목욕탕 언니들이 제공해 준 든든한 지원군

별미 중의 별미 갈칫국

들도 있다. 언제 먹어도 스왕스왕(사각사각)한 복삼이 언니표 겉절이, 보말을 넣어 식감이 남다른 금화 언니표 된장도 상 위에 올랐다. 아버지가 모처럼 웃으셨고 "아, 맛있다"고 하셨다. 이 한 말씀에 아내의 입꼬리가 춤을 췄다.

그리고 그다음 상부터는 생선들도 등장하기 시작했다. 갈치, 흑돔, 벤자리, 한치 등등 구색도 다채로웠다. 노릇 토실하게 익은 살을 발라 밥 위에 놓아 드리면 아버지는 오래전 어린 아들이 그랬던 것처럼 익숙하게 받아 드셨다. 순간, 형언할 수 없는 묘한 감정에 가슴이 먹먹해졌다. 곁에 계신 까닭에 행복했지만 떠나가실 그날이 두려워졌다.

벌초와 아버지

어머니가 한턱내신다고 식당을 알아보라신다. 아버지는 아들 내외가 먹고 싶은 것으로 고르길 원하셨다. 자식은 "네, 네" 하면서도 부모님의 입맛을 만족시킬 메뉴를 찾았다. 그러다 이것저것 고루 먹어볼 수 있는 한 곳을 생각해 냈다.

온평포구 앞에 있는 '덕이네'는 차림이 무척 다양하다. 우렁쌈, 두루치기, 고등어구이를 포함한 식사류 외에도, 흑돼지 오겹살, 전복, 소라 물회, 각종 해산물을 골라 먹을 수 있다. 전문 식당의 요소는 떨어지지만, 어떤 음식을 시켜도 기본 이상은 한다. 더욱이 친절한 데다 혼자 가도 위축됨 없이 식사할 수 있다는 장점도 가졌다. 그 때문에 로컬은 물론 올레꾼들에게도 맛집으로 통한다.

저녁 시간임에도 식당 안은 손님으로 붐볐다. 두루치기, 고등어구이, 모둠 해물, 문어숙회를 주문했다. 아버지는 모처럼 막걸리도 드셨다. 부자간에 술잔을 부딪쳐본 지가 얼마 만인지.

삼달리에 집안 묘지 터를 조성한 이후로 벌초가 편해졌다. 두어 시간 묘역을 정리하고 점심을 함께 먹으면 행사는 끝이다. 어머니와 아버지는 잠깐 나오셔서 친척들을 격려한 후 집으로 돌아가 쉬셨다. 물론 벌초가 끝날 즈음 식당에서 합류할 예정이다.

예초기를 능숙하게 다루는 사촌들이 대단해 보였다. 쓱싹 지나가면 사람 키만큼 자라난 띠가 속절없이 쓰러졌다. 초가지붕의 재료로 쓰이는 띠는 제주에서도 귀한 몸이다. 심지어는 벌초를 대신 해주고 묘지 터의 떠를 가져가겠다는 사람도 있을 정도다.

　마을 공동묘지가 생기기 전까지 윗대의 묘는 제주 전통의 산담 형태로 이곳저곳에 흩어져 있었다. 산담의 '산'은 무덤을 뜻하고 '담'은 말 그대로 돌을 쌓아 만든 담을 뜻한다. 모양은 동서남북을 사각형으로 두른 장방형이 대부분이나 간혹 원형도 있다. 산담은 산 자와 죽은 자의 경계이며 소와 말 등으로부터 묘지를 보호하려는 방편이기도 했다.
　몇 년 전만 해도 벌초는 참으로 쉽지 않은 연례행사였다. 음력 8월 초하루면 가문의 자손들이 모여 선대의 묘를 벌초했다. 제주에서는 이를 '모둠 벌초'라고 부른다. 모둠 벌초를 마친 후 마을로 돌아오면 집안 벌초가 기다리고 있었다. 조상님 한 분, 한 분을 만나러 가는 길은 시간도 오래 걸렸고 험하기까지 했다. 산담은 목장지대, 밭 가운데, 오름 아래에 산재해 있었다. 비가 많이 와서 지형이 변하고 여름내 잡풀이 무성히 자라나면 간혹 긴가민가 헷갈리기가 다반사였다.
　이러다 보니 집안묘지로의 이장 계획은 당연히 환영을 받았다. 풍습을 알지 못하는 어린 자손들에게 벌초의 어려움을 물려주지 말자는 뜻이다. 산담뿐만 아니라 마을 공동묘지의 조부모님까지 모셔 오기로 했다. 결국 몇 년에 걸친 토지 조성과 이장 절차 끝에 조상님들이 한데 모여 사는 세상이 이뤄졌다.

벌초와 아버지

아버지는 아마도 이번 벌초가 마지막이 될 수도 있다는 생각을 하신 것 같다. 그래서 편치 않은 몸을 이끌고 내려오셨는지도 모른다. 점심을 먹으러 간 식당에서 동생과 조카들에게 연신 미안한 웃음을 지어 보내고 밥값을 내야 한다며 고집을 부리신 데도 당신만의 이유가 있었다.

그런 옆 모습을 바라보며 말을 삼켰다.

'아버지, 오래오래 곁에 계셔 주세요.'

8
녹동 가는 길

　　제주와 전남 고흥 녹동을 오가는 아리온호는 6,000톤급이다. 2만 톤이 넘는 목포나 완도의 크루즈급 여객선에 비하면 작은 편에 속한다. 편의 시설도 매점 겸 식당이 고작이라 바랄 것 자체가 없다. 그런데 그저 목적지까지 데려다주면 그것으로 족할법한 평범한 여객선에 묘한 재미가 숨어 있다. 물론 처음부터 눈치챈 것은 아니다. 열 번이 넘도록 항로를 경험하며 진심으로 느끼고 터득했다.

　　지난가을, 두 달간은 유난히 육지 나들이가 많았다. 그중 가장 묵직했던 일은 '고흥문화도시센터'에서 주관하는 '노마드 고흥 주민 여행기획단'의 멘토 역할이었다. 그 때문에 매주 한 번씩 배를 타고 올라가 반원들을 만나고 고흥 여행을 이어갔다.
　　여객선 아리온호는 제주항을 오후 4시 30분에 출항해 고흥 녹동항에는 저녁 8시 30에 도착한다. 그러다 보니 고흥에서의 일정은 최소 2박 3일 이상은 되어야 한다. 녹동항에 도착하면 일단 숙소에서 하룻밤을 보낸 후 다음 날이 돼서야 일정을 시작할 수 있다. 제주에 사는 사람에게는 매우 불리한 배 시간이다.

그런데 반대로 생각하면 얘기가 달라진다. 제주 가는 배는 아침 9시에 녹동항을 떠난다. 오후 1시경에 도착하기 때문에 한나절을 넉넉히 쓸 수 있고 다음 날 오후까지도 여유롭다. 1박 2일로 알찬 제주 여행이 가능하다는 뜻이다.

여행자들의 대부분은 3등 객실을 이용한다. 매표창구에서도 신분증과 카드를 내밀면 차량 동반 여부만 체크할 뿐, 객실 등급에 대한 질문은 없다. 아리온호에는 3개의 3등 객실이 있으며 모두가 바닥형이다. 누구든 먼저 올라가 좋은 자리(두 면이 벽으로 막힌 모서리 자리가 명당이다)를 선점하고 몸을 뉘거나 담요라도 하나 깔아놓으면 그것으로 찜이다.

처음에는 배 안에서의 4시간을 우습게 봤다. 맨바닥에 등을 깔고 누워 있자니 온몸이 불편하고 딱딱해지는 느낌이 들었다. 그리고 잠시 화장실이라도 다녀오면 누군가 슬쩍 자리를 침범했다. 그래서 두 번째 여행부터는 패드형 매트리스와 얇은 침낭을 배낭에 담아와 깔고 덮었다. 잠자리가 완성되니 단단한 경계가 생겼다.

녹동 가는 배의 막걸리 커플

자리를 펴고 다른 승객과의 교감을 차단하겠다는 의지로 똘똘 뭉쳐 있을 때 유니폼을 입은 승무원이 마이크를 들고 객실로 들어왔다. 모든 승객의 시선이 그를 향했다.

"안녕하세요? 객실에서 식사나 음주는 금지되어 있습니다. 밖에 테이블이 마련돼 있으니 그곳을 이용하시기 바랍니다. 뭐 간단히 과자나 음료를 드시는 것은 괜찮습니다. 김밥도 옆에 계신 분들이 이해할 수 있겠죠. 그런데 맥주 정도는 어떨까, 하시는 분들이 계신데요. 맥주도 술이죠. 제가 도수로 술을 나눌 수도 없고 난감합니다. 규칙이니만큼 맥주도 밖에서 드셔야 합니다."

차분하고 정감 있는 목소리는 의외로 쉽게 전달됐다. 승객들은 "네" 하고 대답했다. 그는 도착시각, 냉난방 조절에 관한 정보를 전달한 후 옆 객실로 옮겨 갔다.

나중에 알았지만, 그는 여객선의 사무장으로 매일 녹동과 제주를 오간다. 승객들을 대면하고 직접 안내사항을 전달하는 것은 그의 아이디어다. 다른 여객선들만큼 즐길 거리 갖추지 못했으니 성의라도 있어야겠다고 생각했단다.

갑판으로 나갔다가 제주항이 시야에서 멀어질 때, 객실로 돌아왔다. 그리고 한 시간쯤 지났을 때 창으로 붉은 기운이 느껴졌다. 분명 낙조다. 카메라를 들고 재빨리 갑판으로 나갔다. 예상대로 태양이 수평선으로 곤두박질치고 있었다. 그러고 보니 아리안호의 제주발 운항시간은 낙조에 맞춰 있었던 것. 그 절묘함에 절로 탄성이 나왔다.

'그러게, 사무장의 눈빛에서 뭔가 자신감이 있었어.'

젊은 커플이 용감하게도 갑판 위에 테이블을 폈다. 그리고 제주막걸리를 꺼내 마시기 시작했다. 휴대폰을 들고 바다 끝을 향하던 사람들의 시선은 모두 그곳으로 쏠렸다. 선상 낙조와 제주 막걸리의 기발한 콜라보네이션.

'크!' 두 번째 탄성에 목젖이 떨렸다.

같은 시간 같은 자리에 앉았다. 꼭 한번 따라 하리라 마음먹은 지 몇 주가 지난 후다. 한 켠에 가지런히 정리돼있는 테이블과 의자를 꺼내 갑판 끝 '관계자외 출입금지' 라인에 최대한 밀착했다. 최고의 낙조 포인트다. 제주항으로 오는 길에 편의점에서 산 하얀 뚜껑의 제주막걸리와 육포를 올려놓고 비장의 목기잔도 꺼냈다.

얼마 후, 검은 구름을 뚫고 태양이 송두리째 쏟아지기 시작했다. 대단한 힘이다.

잠시 후 뒷덜미가 화끈거렸다. 없을 것 같던 태양의 등장에 많은 승객이 갑판으로 나온 것이다. 부끄러움이 엄습했지만 어쩔 수 없었다. 뒤를 돌아보지 않기로 했다. 분명 정면을 응시하고 있었는데 사람들이 보였다.

결국엔 막걸리가 힘이다. 사람들의 시선이 무뎌지자 태양이

녹동 가는 길

더욱 선명하게 다가왔다. 아이팟을 꺼내 귀에 꽂았다. 호주의 원주민 가수 '그루물Gurrumul'이 그들의 언어 요릉우로 부른 〈무덤새Wiyathul〉, 제주집에서 즐겨 듣던 노래다.

'아비는 무덤을 만드느라 생의 절반을 보냈네. 어미는 한 번 품지도 못할 알을 낳느라 꽃 시절을 놓쳤네'(이경림 시, 〈주황발 무덤새〉 중에서)

이유는 알 수 없었지만 울컥했다. 사람들이 모두 객실로 들어갔다. 세상은 어두워가고 있었지만 꼼짝할 수 없었다.

익숙할수록 시간은 금방 간다. 사무장이 또 객실을 찾았다. 이번에는 내리는 곳과 차량으로 이동하는 방법을 설명해줬다. '올 스테이션 스탠 바이All Station Stand By' 멘트가 3번 울리면 배가 거의 도착했다는 뜻이다.

녹동항의 깊고 깊은 가을, 8시 30분은 한밤중이다.

4장

겨울에서 봄을 기다리며

추자도와 횡간도는 제주의 섬이다

EBS 〈한국기행〉 작가로부터 연락이 왔다. 섬 여행을 테마로 하는 출연 섭외다. 이미 같은 프로그램을 통해 몇몇 섬들을 소개했던 적이 있었기에 방송이 낯설지는 않았지만, 제주에 살다 보니 일정을 잡기가 어려웠다. 일단 육지로 나가는데 하루, 돌아오는데 하루, 본 스케줄에 이틀을 더해야 한다는 것이 적잖이 부담스러웠기 때문이다. 고민 끝에 제주의 섬을 생각해 냈고 추자도와 횡간도를 촬영지로 제안했다.

여객선이 상추자항에 입항하자 먼저 도착한 촬영팀이 마중을 나왔다. 제주항을 떠난 지 한 시간 만이다. 서울에서 내려와 진도항을 경유한 그들의 여정과 비교하면 미안하리만치 간결했다.

17분의 방송 분량은 촬영팀과 출연자의 협의하에 만들어진다. 주어진 촬영 스케줄은 2박 3일, 하지만 다큐멘터리의 특성과 동선, 날씨, 예기치 않은 변수 등을 고려하면 결코 넉넉한 시간이 아니다. PD는 이미 관매도에서 함께 해본 경험이 있었다. 최대한 많은 장면을 찍어 분량을 만들고 편집을 통해 스토리를 만들어가는 스타일이다.

점심을 대충 때운 후에 횡간도로 향하는 행정선에 올랐다. 횡간도는 추자군도에 속한 4개의 유인도 중 하나로 단 8명 만의 주민이 사는 섬이다. 상추자항에서 불과 5킬로미터 거리에 있지만, 정기여객선이 없어 하루 한 번(금요일엔 두 번) 다니는 행정선을 타야 입도할 수 있다. 횡간도까지는 20여 분이 걸린다. 중간에 단 한 명의 주민이 사는 추포도를 거치는데, 주인공은 사람이 아닌 물건이다. 필요한 물품을 건네주고 또 건네받으면 끝이다.

드디어 횡간도. 제주의 최북단 섬이란 표지석이 선명하다. 선착장에 놓인 모노레일이 특별하다. 주민들은 배에서 내린 짐을 그것에 실어 보내고 정작 본인은 산 중턱에 있는 마을까지 걸어서 올라간다.

연로한 주민들의 걸음걸이나 섬 비탈을 타고 오르는 모노레일의 속도 모두 답답하기는 매한가지다. 그러고 보면 섬의 첫인상은 느림의 미학이다.

횡간도는 거대한 자연을 품고 있다. 무성히 자라나 원시 숲

추자도와 횡간도는 제주의 섬이다

을 재현한 나무들, 파도와 바람에 침식된 해안지형이 마치 무인도를 연상케 한다. 이토록 거칠고 가파른 섬에도 학교가 있었다. 1951년 개교하여 폐교할 때까지 40년간 161명의 졸업생을 배출했다. 지금은 그 터와 낡은 교사만 덩그러니 남겨졌지만, 오래전 횡간도는 멸치잡이로 명성깨나 날리던 섬이었다.

횡간도에는 단 하나의 민박이 있다. 낚시꾼들이 주 고객이다. 대개 한 번 입도하면 일주일 이상을 머무르며 고기를 잡는다. 솜씨가 좋은 민박집 안주인이 기꺼이 촬영에 응했다. 평소 숙박객에게 제공되는 찬들이 그대로 상위에 올랐다. 섬에서 나는 방풍나물, 고사리가 맛깔스럽게 무쳐졌고 귀하다는 군소도 눈에 들어왔다. 그중에서도 제주 고사리를 냄비 바닥에 깔고 살이 튼실한 추자 조기를 얹어 양념으로 조려낸 '고사리 조기조림'은 비주얼뿐만 아니라 맛에서도 단연 압권이었다. 조기 살의 담백함이야 그렇다 치더라도 양념이 제대로 밴 고사리의 배틀한 맛이라니, 촬영 중임에도 몇 번이나 젓가락을 가져다 댔는지 모른다.

밤이 깊어지자 낚시꾼들이 볼락과 우럭 등의 수확물을 들고 숙소로 돌아왔다. 조과가 넉넉하지는 않았지만, 함께 나눠 먹기는 충분한 양이었다. 섬 여행을 하며 터득한 지혜. '낚시꾼들이 돌아오기 전에는 잠을 자면 손해다.'

다음 날 아침 추자도로 돌아왔다. '나바론하늘길'을 걸을 차

상추자 서남해안에 우뚝 솟은 나바론 절벽

례다. 전라도에 속해있던 추자도는 1914년에 제주도로 편입됐다. 그 때문인지 섬의 정서와 문화는 전라권에 가깝다. 나바론 하늘길은 상추자 서남해안 거대한 수직 절벽 위에 놓인 2.1킬로미터의 걷기 구간이다. 추자올레 18-1, 18-2코스를 따라 하추자를 걷고 추자대교를 건너와 등대 방향으로 진입해도 되고 상추자 용듬벙에서 곧장 올라가 반대로 내려와도 좋다. 나바론 하늘길은 상추자 대부분과 추자군도의 크고 작은 섬들을 발아래 품고 있을 만큼 풍광이 각별하다. 또한 걷기 여행자들은 이곳을 걸으며 스릴을 느낀다. 뾰족한 능선을 타고 불어오는 바람

추자도와 횡간도는 제주의 섬이다

조차 높이의 아찔함을 담고 있기 때문이다.

추자도에도 해녀들이 많다. 오래전 추자도를 여행하며 인연이 된 오금성 하추자청년회장을 통해 묵리 어촌계를 소개받고 촬영 협조를 구했다. 해녀들이 물질하는 날은 한 달에 12일 정도다. 작업 일임에도 날씨가 흐리고 시야가 좋지 않아 모두가 걱정하던 순간, 솜씨 좋은 묵리해녀들이 출항 소식을 알려왔다. 물양장을 무대 삼아 덩실덩실 노래와 춤으로 긴장을 풀어낸 해녀들은 두 그룹으로 나뉘어 작업선에 올랐다. 촬영팀이 따라간 곳은 섬에서 멀리 떨어지지 않은 바위섬 부근이었다. 깊은숨을 몰아 참고 자맥질을 반복하는 그녀들의 작업시간은 대략 5시간 정도. 잿빛 바다는 무척이나 차갑게 느껴졌다.

해녀들이 작업하는 사이, 낚시 영상을 담기로 했다. 오 회장의 낚싯배를 타고 먼바다로 나가보니 포인트라 불리는 크고 작은 바위마다 열정 낚시꾼들이 터를 잡고 있었다. 이래서 추자를 낚시의 섬이라 했던가? 하지만 낚시에 대해 1도 모르는 출연자는 매사가 낯설고 서툴렀다. 즉석에서 배운 대로 새우 미끼를 바늘에 끼우고 낚싯대를 던졌다. 온 신경을 집중했지만 녹녹하게 잡혀줄 생선은 한 마리도 없는 듯했다. 그러나 허탕을 치고 있는 것은 비단 한 사람뿐만 아니었다. 그렇게 소득 없이 철수를 결정한 순간, 환호성이 들렸고 일행 중 한 사람의 낚싯대에는 바다의 여왕이라는 크고 어여쁜 참돔 한 마리가 걸려 있었다.

해녀들의 망사리에는 문어와 낙지, 해삼 등도 담겨 있었지만, 물질의 최대수확은 뭐니 뭐니 해도 뿔소라였다. 파도가 거친 추자 해역의 뿔소라는 육질이 단단하고 맛이 좋기로 유명하다. 뿔소라는 어촌계로 위판되기 전에 해녀에게 직접 살 수 있다. 1킬로그램에 5,500원이라니 시장보다 매우 저렴한 가격이다. 10킬로그램을 주문하니 넉넉히 저울에 달아줬다. 바다에서 갓 따온 뿔소라는 상온에서 2~3일 보관이 가능하단다. 통째로 삶아 알맹이를 내어 먹어도 좋고 망치로 껍질을 부숴 떼어낸 다음 회로 먹어도 그만이다. 중간 부분의 내장과 몸통에 붙은 막을 제거해야 하는데 쓴맛을 유발할 수 있기 때문이다.

모진이 해변에서의 마지막 촬영을 마치고 오 회장이 운영하는 펜션에 여장을 풀었다.

이윽고 저녁 시간, 뿔소라와 자연산 참돔이 횟감과 구이로 변신해 밥상의 중앙을 차지하고 앉았다. 참돔은 싱싱한 생선살은 그대로도 훌륭하지만 토치로 그을러 히비키로 먹어도 별미다.

짧은 촬영 기간이었지만, 촬영팀과 출연자도 나름 가까워졌다. 긴장을 내려놓고 술잔을 기울이다 보니 불현듯 모든 과정이 여행으로 다가왔다.

다음날, PD가 헤어지며 "다음에 또 봬요"라고 인사를 건넸다.

"네." 하고 대답하는 순간, 다시 만날 것 같은 생각이 들었

추자도와 횡간도는 제주의 섬이다

다. 그것도 제주 본토에서.

아니나 다를까 두 번의 계절이 바뀐 봄날, '제주로 봄 보러 갈래?' 편을 찍었다.

추자산 조기와 제주산 고사리의 궁합이라니

월간 신풍리

신풍리 민철에게 전화가 왔다.
"형님, 뭐 햄수꽈? 장에 가서 고등어 사와신디 찜이나 해 먹게 마씨."

민철은 목수다. 그냥 목수가 아니라 문화재 수리기능 자격을 가지고 있는 대목이다. 민철은 신풍리에서 나고 자랐다. 그러다가 젊은 시절 육지에 나가 한옥을 짓는 일과 도예를 배웠다. 그리고 8년 전 다시 고향으로 돌아왔다. 민철을 알게 된 데는 형식의 공이 컸다.
뒷마당 신낭(참식나무)에 트리하우스를 하나 만들고 싶다고 했더니, 그 일을 할 수 있는 귀인이 가까운 곳에 산다며 소개해 준 것이다.

신풍리에 있는 민철의 거처로 처음 초대받아 갔을 때 몇 가지 이유로 적잖이 놀랐었다. 뒤로 묶은 긴 머리도 그랬지만, 부리부리한 눈, 강력하게 돌출한 이마와 광대를 갖춘 그의 외관은 실로 압도적이었다. 전형적 북방인의 풍모를 갖춘 그를 만난 순간에는 앞뒤 안 재고 그냥 형님이라 부를 뻔했다. 그런데 얘기를 나누다 보니 나보다 두 살이 어렸다.

그의 커다란 농막은 목공 전시장과 같았다. 끌과 대패 그리고 정을 제외하면 뭐에 쓰이는지 도대체 알 수 없는 목공 도구와 기계들이 즐비했다. 게다가 그를 따라 또 하나의 공간으로 들어섰을 때는 그야말로 입이 다물어지질 않았다. 한옥기법으로 만든 원형의 구조물은 마치 나무로 만든 게르처럼 보였다. 사람 키보다 훨씬 높은 기둥을 세우고 이음과 이음의 정교함에 예술적 감각까지 두루 갖춘 가칭 '갤러리'는 오로지 혼자만의 솜씨로 완성되고 있었다.

민철은 인상과는 달리 털털하고 웃음이 많았다. 그 덕에 우리는 쉽게 가까워졌고 한 달에 한 번 정도 모여 '월간 신풍리'를 즐겼다. 당연히 그 자리엔 늘 형식과 선자 그리고 아내도 함께했다. 그의 농막에는 화목난로와 무쇠솥을 걸어 놓은 아궁이가 있었다. 특히 마치 화덕과 같은 구조를 가진 아궁이는 갈치나 등갈비를 구워 먹기에 좋았다. 제주항에서 오지 갈치를 사 오거나 마트에서 스페인산 등갈비를 공수하는 일은 나와 아내가 도

맡았다.

민철은 식재료에 진심이었다. 그의 우영팟에는 고추, 상추, 깻잎은 물론 대파와 오이까지 심겨 있었다. 채소들은 늘 상태가 좋았다. 그의 부지런함은 그것에 그치지 않았다. 간수를 빼서 3년을 묵혀뒀다는 천일염은 짠맛이 덜한 대신 들큼함이 돌았다. 민철은 솥밥을 하고 직접 담근 된장으로 국을 끓여 상을 차렸다.

밥상 겸 술상은 늘 유쾌했다. 얼큰하게 취하고 기분이 노릇해지면 민철은 고이 모셔뒀던 담금주를 꺼내 분위기를 더욱 돋웠다. 특히 육지부터 간직해왔다는 돌배주나 와송주는 격이 달랐다. 분명 도수가 높았음에도 첫맛은 부드럽고 뒷 향은 그윽했다.

격의 없는 사이가 되었을 무렵, 트리하우스 이야기를 꺼냈다. 계획을 잠자코 듣던 그가 "그게 아니고!" 하며 말을 잘랐다. 그러자 형식이 민철에게 "민수 형네 집에 설치하는 거잖아요, 주인 얘기를 끝까지 들어보세요." 하며 핀잔을 줬다.

격렬한 논의 끝에 어찌어찌하기로 결론이 났지만, 다음번에 만나면 또 다른 아이디어가 튀어나왔다. 민철의 '그게 아니고'는 처음부터 다시 시작이라는 의미다. 그럼에도 그런 과정이 재미있었다. 어찌 되었건 목공사의 갑은 민철이란 사실을 너무나 잘 알고 있었기에 의견을 내었다가 무시를 당해도 '아, 그렇구

완공된 다락의 우아한 자태

나.' 하며 바로 꼬리를 내렸다.

논의를 핑계로 우리는 더더욱 자주 만났다. 와송만 달랑 남은 병에 술을 따라 재탕을 하며 이야기는 뒤죽박죽, 꿈처럼 흘렀다.

어느 날 민철이 달력 뒷장을 펼쳐 보여 줬다. 그것은 트리하우스의 도면으로 형태는 물론 재단할 나무 크기와 수량까지 꼼꼼하게 기록돼 있었다. 경지에 오른 고수의 포스가 흠뻑 느껴졌다.

제주에서의 일은 목수가 집으로 오는 날, 비로소 시작된다. 때로는 비가 와서 혹은 다른 계획이 생겨서 하염없이 늦어져도 기다려주는 것이 미덕이다. 그렇게 시간이 흘렀다. 그러던 어느 날 드디어 민철이 집으로 왔다. 일단 성읍과 신풍리를 지나는 천미천으로 가서 비교적 평편한 면을 가진 큰 돌 4개를 골라 1톤 트럭에 실었다. 기둥을 받칠 주춧돌 용도다. 뒷마당에 돌을 내려놓고는 남원에 있는 제재소로 가서 꼬깃꼬깃 달력에 적힌 대로 삼나무를 주문했다.

민철은 나무를 다듬는 일부터 시작했다. 정확한 길이로 절단한 다음, 4면을 고르고 반듯하게 대패질을 했다. 그리고 목재의 끝 면에 홈과 턱도 냈다.

그랭이질은 나무의 하부 면을 주춧돌 윗면의 굴곡에 맞춰 그린 후 도려내는 작업이다. 그 결과 육중한 기둥은 아무런 고정장치 없이도 자연석 위에 똑바로 세워졌다. 실제 눈으로 보고도 신기하기 이를 데 없는 장면이었다.

민철의 설계는 기발했다. 목 구조물의 정체는 4개의 기둥이 받치고 선 평상의 모습이었다. 높이 3미터, 트리하우스의 시선을 가졌음에도 행동반경은 훨씬 넓었다. 지붕은 신낭의 촘촘한 가지와 우거진 잎이 대신했다. 살아있는 나무에 바닥 면적 일부를 내어줬더니 나무는 커다란 그늘로 갚았다.

민철은 일주일을 혼자 일했고 마지막 이틀은 형식을 불러 조수로 썼다. 그가 집으로 출근하는 동안 새참을 포함해 하루 다섯 끼를 함께 먹었다. 매번 막걸리를 나누고 밥사발을 비우며 우리는 더 많이 가까워졌다.

구조물의 이름이 급했다. 처음에는 '선셋 타워'로 지을까도 했다. 평상 위에 올라가면 한라산 방향으로 제법 괜찮은 노을을 볼 수 있기 때문이었다. 그런데 지극히 평범하다는 의견이 많았다. 형식은 '영감'이란 이름을 들고 나섰다. 계획하고 짓는 동안에 줄곧 그랬듯이 앞으로도 영감이 떠오르는 장소였으면 좋겠다는 의미다. 의도는 좋았으나 어감이 촌스럽다는 이유로 이 또한 탈락했다.

그러던 중 집에 놀러 왔던 가까운 동생 소현이 '다락'은 어떻겠냐고 물었다. '많을 다多', '즐길 락樂'이라는 뜻이란다. 대번에 마음에 들었다.

민철과 형식 그리고 틈틈이 일을 도와준 광성과 함께 다락에 올라 막걸리를 마시던 날 선자가 무언가를 들고 왔다. 'Crying Zone'이라고 쓴 목제 팻말이었다. 혼자서 실컷 울고 싶을 때도 다락을 찾았으면 좋겠다는 애틋한 마음이 담겨있었다. 팻말은 신낭으로 가려진 귀퉁이, 오붓한 자리에 걸었다.

고등어찜이라니 벌써부터 군침이 돈다. 제주산 고등어는 민철네 묵은지와 궁합이 그만이다. 조림과는 또 다른 세계다. 마침 우리 집 냉동실에는 표선목욕탕 언니에게 얻어온 무늬오징어가 있었다.

8
첫눈이 내리던 날

드디어 첫눈이다. 제주 산지에는 이미 여러 번의 폭설 소식이 있었지만, 정작 우리 집 마당에 내린 것은 올겨울 처음이다.

매년 겨울, 두세 차례씩 큰 눈을 경험했다. 수은주가 영하로 떨어졌고 녹는 속도가 감당할 수 없을 만큼 많이, 오래도록 내렸다. 무릎이 잠길 만큼 쌓이고도 잿빛 하늘이 좀처럼 개지 않았을 때는 대책이고 뭐고 없었다. 길을 내는 일도 포기해야 했다. 마당에 세워둔 티피텐트를 흔들어 대다 무게를 못 이긴 폴대가 부러진 일도 있었다. 결국 고양이들처럼 아무것도 하지 않는 것이 오히려 도움이 됨을 깨달았다.

그래도 행복했다. 눈이 그친 후 하얗고 쨍한 마당을 보는 일도, 초가지붕을 타고 내린 고드름의 차갑고 매끈한 감촉도 좋았다. 가끔은 카메라를 들고 올레를 빠져나와 마을 안 길을 걸었다. 딱 눈 올 때만 나타나는 수묵담채 한 폭, 말 그대로 고즈넉한 풍경이었다. 900년 팽나무, 근민헌 그리고 어느 한 채 어긋남이 없는 초가집 군락까지 설경의 피사체로 더할 나위 없었다. 김영갑 작가도 김택화 화백도 못 봤을 장면이라 빼기며 괜히 손가락에 힘을 주어 셔터를 누르기도 했다.

'비 오는 날에는 막걸리인데, 눈 올 때는 무얼 마시지?'
하얀 오후 내내 그저 술 걱정이다.
고민하던 그때 전화가 왔다.
"형님, 뭐 햄수까? 이리 옵써, 술 한잔하게 마씨."
마을 동생들이 불러낸 건 그럴만한 이유가 있었다. 재경교포는 평생 못 먹어 봤을 특별한 안줏거리가 있었기 때문이다. 바로 꿩고기, 얼핏 보기에도 신선함의 척도라는 윤기가 좌르르 흘렀다.

동생들은 마치 아이를 대하듯 부위별로 고기를 밀어줬다. 가슴살은 육회, 다리 살은 구이로, 커다란 들통에는 뼈를 우려낸 육수가 펄펄 끓고 있었다. 육회는 담백함 끝자락에 단맛까지 돌았다. 날짐승 특유의 경쾌한 식감이라니! 꺾어 마시던 술잔이 언젠가부터 단번에 비워지기 시작했다. 맹렬하게 발산하던 감귤나무 숯의 불꽃이 한 풀 잦아들었다. 빠알간 숯불 위로 노릇노릇 익어가는 꿩고기, 문득 어린 시절이 소환됐다.

눈 쌓인 성읍민속마을

오조리 외가 앞집에는 행준이란 사람이 살았다. 왜 그랬는지 모르지만, 당시 나이 드신 분들은 명호를 맹호, 경식이를 갱식이라는 둥 유행처럼 이름을 눌러 불렀다. 아마도 그의 본명도 형준이었을 것이다. 어느 부모가 촌스럽게 행준이라 지었겠는가?

외할머니는 촌수로 할아버지뻘 되는 괸당이라고 했다. 포마드를 잔뜩 바른 올백 머리, 백바지에 백구두를 즐겨 신었던 행준 할아방은 어느 마을에나 한 명씩은 꼭 있다는 한량이자 노름

첫눈이 내리던 날

돌하르방도 추워 보였다

꾼, 때로는 바람둥이였다. 그런데도 외할머니만큼은 그를 유난히 아꼈는데 거기에는 그럴만한 이유가 있었다.

평소 거의 놀고먹던 행준 할아방은 겨울만 오면 생기가 돌았다. 먹을 것이 떨어진 꿩들이 눈 덮인 한라산에서 중산간 지역으로 내려오는 시기였기 때문이다. 이 무렵 그는 멀끔한 '사농바치'로 변신했다. 사농바치는 '사냥꾼'을 뜻하는 제주어다. 그의 주 종목은 꿩이었으며 알아주는 명사수였다. 들판과 오름을 누비던 그가 사냥개와 함께 돌아올 때면 전리품이 가득했다.

사냥총을 어깨에 걸쳐 메고 깃털을 휘날리며 의기양양했던 그의 아우라는 어린 눈에도 그렇게 멋있어 보일 수 없었다.

 그의 아내는 아무렇지도 않고 예쁠 것도 없는 소박한 사람이었다. 남편이 잡아 온 꿩들을 손질하고 엿을 달이는 일은 그녀의 몫이었다. 그녀의 이름은 기억나지 않는다. 아마도 행준이 각시 아니면 원복이 어멍으로 통했을 테지. 그녀는 가마솥 바닥에 엿기름이 눌어붙지 않도록 휘휘 저어가며 두 날을 꼬박 새웠다. 붕어빵에는 붕어가 없지만, 꿩엿에는 정말 꿩이 들어간다. 꿩고기의 투입 시점은 엿기름이 어느 정도 걸쭉해졌을 때다. 원복이 어멍은 삶아낸 살코기를 죽죽 찢어 넣고 연기에 눈물을 흘려가며 젓고 또 저었다.

 그렇게 정성으로 완성된 꿩엿은 가장 먼저 외할머니에게로 왔다. 할머니는 수고했다며 돈을 줬다. 꿩 값이라기보다는 이유가 생길 때마다 건넸던 정이었던 것 같다. 방학을 맞아 내려온 손자는 그 맛이 익숙하지 않았다. 고기와 조청의 말도 안 되는 조화, 하지만 몇 수저 떠먹다 보면 멈출 수 없는 묘한 중독성에 뱃가죽이 불룩거릴 정도로 든든함이 느껴졌다.

 지금은 언감생심이다. '야생생물 보호 및 관리에 관한 법률'에 따라 야생 꿩의 포획, 채취가 금지돼 있다. 그래서 동생들이 내어준 꿩 요리의 정체도 궁금해하지 않기로 했다. 그저 제주에서 나고 자란 이들의 겨울 단상이며 꾸역꾸역 이어온 낭만이다.

첫눈이 내리던 날

머리끝까지 퍼마신 다음 꿩 육수를 담아오는 것까지 깜박하고 집으로 돌아왔을 때, 그래도 제주에 살기를 참 잘했다는 생각을 했다.

이번 눈은 2, 3센티미터쯤 얇게 쌓였고 금세 녹아 물이 됐다. 그런데도 초가지붕의 처마 끝으로는 오래도록 낙수가 흘렀다. 아내가 새 먹이를 주고 오라고 했다. 아무 작물도 심지 않은 주차장 텃밭으로 가서 쌀 한 줌을 퍼 뿌렸다.

순간, 꿩 한 마리가 휙 날아올랐다.

8

눈 오는 날 국수를 만들어 먹다가

　오늘 점심 메뉴는 국수다. 난 고기국수, 아내는 비빔국수. 취향대로 먹는다.
　집에서 먹는 고기국수라고 해봐야 시중에 파는 사골국물에 중면을 삶아 넣고 먹다, 남은 수육을 올리면 끝이다. 대충 흉내를 낸 음식이지만 고기가 들어간 것이니 고기국수가 아니라고 할 수 없는, 아무튼 고기국수다.

　본디 제주의 고기국수는 돼지 뼈를 고아 국물을 썼다. 흔히 먹던 음식은 아니다. 제주에서는 잔칫날이나 초상 때 돼지를 잡았다. 살코기는 돔베고기로 쓰고 뼈와 내장은 별도로 삶았다.
　그렇게 나온 돼지고기 육수에 모자반을 풀면 몸국이 되고 또 고사리를 넣으면 제주식 육개장이 된다. 그리고 간혹 중면을 말아 수육을 얹으면 고기국수가 완성이다.

양도 많고 맛도 좋은 고향생각 고기국수

지금도 몸국을 내놓는 잔치집이 있다

잔칫날의 돼지고기는 도감이 관장했다. 도감은 상방(마루)에 앉아 도마를 앞에 놓고 삶은 돼지고기를 썰어 손님들에게 나눠주는 임무를 가졌다. 제주에서는 도마를 '돔베'라고 부른다. 그러다 보니 자연 돔베고기가 된 셈이다. 이때 손님들은 '반'이라 부르는 접시를 들고 다녔는데 모든 반찬과 과일 등을 그것에 받았다. 도감이 건네는 몇 점의 돼지고기로 반을 덮은 후 별도로 제공되는 밥, 국과 함께 먹었다.

경험 많은 도감일수록 얇고 넓게 썰어내는 칼질 솜씨를 자랑했다. 먹을 것이 귀하던 시절, 뭐든 골고루 돌아가도록 평등하게 배급해야 했지만, 도감의 권한은 실로 막강했다. 가까운 사람이 오면 한두 점 더 얹어 주는 건 예사였고, 평범한 국수를 고기국수로 변신시키기도 했다.

제주에 처음 건면 공장이 세워진 것은 일제 강점기로 기록돼 있다. 이후 밀가루는 원조에 의지하는 정도였고 1960~70년대에 들어서고야 국수가 보편적 음식이 되었다. 아내가 다니는 표선목욕탕의 원로 언니들의 증언(?)에 따르면 제주민들은 주로 멸치국수를 먹었단다. 쉬 납득이 가는 얘기다. 멸치 쪼가리야 바다에서 쉽게 얻을 수 있었을 테니 말이다. 짧았던 제주에서의 어린 시절을 돌이켜 봐도 가끔씩 할머님이 만들어 주시던 국수 그릇에는 고기가 담겨있지 않았다. 20~30대에 벌초를 다니고 제주 여행을 할 때만 해도 고기국수 식당은 도통 본 기억

눈 오는 날 국수를 만들어 먹다가

이 없다. 사실 제주 최초의 고기국수 집은 제주시에 있는 '골막식당'으로 1989년에 오픈했다. 고기국수에 의외로 짧은 역사가 있음을 알 수 있는 대목이다.

문득 돌아보니 어느 순간 정말 많은 고기국수 식당이 생겨났다. 제주도가 선정한 향토음식 20선에도 버젓이 이름을 올렸을 정도다.

사실 고기국수는 맛좋다(제주에서는 '맛있다' 대신 '맛좋다'라는 표현을 자주 쓴다). 몸국과 더불어 베지근(기름져서 속이 든든할 것 같은 맛)함의 쌍두마차다. 그리고 일반 국수에 비해 양도 많아 한 끼 식사로도 든든하다.

요즘은 순수 돼지육수 대신에 멸치육수나 닭 육수를 섞어 쓰기도 한다. 담백한 맛을 선호하는 취향 탓이다. 관광객들은 새로운 맛을 경계한다. 그래서 어느 정도 경험했던 음식과의 공통분모를 찾는다. 그로 인해 이미 고추장이 들어간 물회와, 고사리와 고기를 죽처럼 갈아 낸 육개장도 등장했다.

지금껏 제주에서 먹었던 최고의 고기국수는 서귀포에서였다.

그날도 아침부터 베지근한 고기국수가 먹고 싶었다. 여기저기 연락해서 맛집을 수소문해 보던 차, 식당을 소개해 준 이는 도민이 아닌 대구에서 가끔 내려와 여행을 하는 친구였다.

"형, 제가 웬만한데 다 가봤잖아요. 서귀포에 있는 고향생각에 가서 고기국수 드세요. 후회 안 하실 거예요."

육지와 제주를 골고루 경험한 녀석의 입맛을 믿어 보기로 했다.

'고향생각'은 업력 30년의 고기국수 집이다. 주인아주머니는 부산 출신으로 입도 40년 차 비로소 제주민이다. 제주와 부산 사투리가 반반씩 섞인 말투는 절대 상냥하지 않다.

고기국수가 상위에 올랐다. 기대했던 외모를 지녔다. 그릇 가득 담긴 면과 고기가 제주말 그대로 '듬삭'했다. 고향식당의 특징은 국수를 시키면 때깔 좋은 김치 반 포기와 파김치가 온전한 모습으로 상위에 오른다는 것이다. 이미 막걸리 한 병, 그리고 평소 같았으면 수육 한 접시를 추가했겠지만 고기가 끊임없이 올라오니 그럴 필요가 없었다. 도톰하고 쫄깃한 중면발에 군내 없는 담백한 국물. 고기 육질의 탄탄함까지 더해지니 어느 것 하나 아쉬울 게 없었다.

아, 그리고 적당히 익은 김치를 쭉쭉 찢어 얹어 먹는 맛이라니.

꾹꾹 채워진 포만감이 저녁까지 이어진 아주 맛 좋은 기억.

야심 차게 비벼낸 비빔국수의 양이 좀 많다 싶었는데 아내가 결국 남겼다. 먹다 남은 국수로 저녁을 대신할 게 뻔하다. '대신 먹어줄 걸 그랬나?' 했지만, 이미 나도 포화 상태다.

눈이 많이 왔다. 마당에 눈길을 만들고 들어오니 쟁반으로

눈 오는 날 국수를 만들어 먹다가

덮어놓은 비빔국수가 신경이 쓰인다. 배가 꺼지는 대로 해결해야겠다고 생각했다. 저녁에 소고기를 굽고 와인 한잔하려면 반드시 해치워야 할 적이다.

어리숙한 손님, 어설픈 접대

나를 각각 형, 오빠로 부르는 커플이 찾아왔다. 여행그룹에서 만나 10년쯤 인연을 이어오며 매우 가깝게 지내는 동생 도현과 소현이다. 더욱이 둘은 1년 전, 여러 명과 함께 집을 다녀간 후 연인이 됐다.

아내가 아이들을 보러 육지에 올라간 터라, 그들에 대한 접대는 고스란히 나의 몫이 됐다. 나가서 먹어야겠다고 마음을 굳힌 후, 여유롭게 오후를 보내고 있을 무렵 두 사람이 들이닥쳤다. 그런데 손에는 와인 다섯 병, 육회용 소고기와 생굴 한 팩씩이 들려 있었다.

"형, 요리 잘하시잖아요."

세상은 참 아이러니 하다. 보는 시각이 이렇게 다를 수가 있을까?

살면서 만난 대부분 지인은 내가 요리에 젬병이라는 것을 안다. 그런데 그들과 함께하는 여행그룹만이 나를 요섹남쯤으로 높게 평가한다. 함께 캠핑할 때 몇 번 시도했던 요리가 부풀어 먹힌 탓이다. 이를테면 먹고 남은 라면 국물을 다시 끓인 후, 계란과 치즈 슬라이스를 떨어뜨려 만든 '느끼탕'은 술안주로 폭발적인 인기가 있었다. 그리고 삶아낸 소면에 들기름을 뿌리고 조미김으로 싸 먹는 방법을 제안했을 때는 기발하다며 엄청난 찬사를 받기도 했다. 손가락이 오그라들 정도로 쑥스러웠지만 그런 분위기가 싫지 않아 내심 즐겨왔던 터다.

사실 내게는 요리에 대한 흑역사가 있다. 오래전, 또 다른 캠핑모임이 있을 때마다 아내는 늘 혼자 보내는 것을 걱정했다. 그때는 즉석에서 요리 한두 개씩을 뚝딱 만들어 내놓는 것이 캠퍼의 덕목으로 여기던 시절이었다. 한번은 포틀럭 파티가 열렸는데, 고민 끝에 닭볶음탕을 만들어 보기로 했다. 자른 닭을 쿨러에서 자신 있게 꺼낸 후, 정말 쿨하게 식초를 뿌려댔다. 지켜보던 모든 사람이 경악하던 순간까지도 정작 나는 영문을 몰랐다. 얼마 후 아내가 적어준 파무침 레시피를 볶음탕 레시피로 혼동해 봤음을 깨달았지만, 요섹남 이미지는 너무 멀리 달아버린 후였다. 이 이야기는 전설이 됐고 그 이후로 오랫동안 음식 조리를 맡는 일은 결코 없었다.

그런데 이 커플은 경외감으로 반짝이는 눈을 가지고 있다.

번영마트 2만 5천 원짜리 모둠회 퀄리티

반드시 기대를 충족시켜야 했다. 일단 방에 가서 좀 쉬고 있으라고 해놓고, 육회 만드는 법을 폭풍 검색하기 시작했다. 간장, 참기름, 설탕, 다진 마늘 그리고 배가 필요했다. 지금은 11월 말. 여기는 제주. 더구나 우리 집에 배가 있을 리 만무하다. 그래서 대충 양념장을 만들어 버무리고 달걀노른자를 올렸다.

    어설픈 육회를 먹어본 그들의 말.

    "오! 식당에서 파는 것 같아요."

    둘째 날, 외출했던 두 사람이 돌아오기 전 수육을 만들기로 했다. 며칠 전 몬트락 할인 행사 때 미리 사놓았던 돼지고기가 있었기 때문이다. 아내가 전화로 알려준 대로 참치 액젓과 소금

어리숙한 손님, 어설픈 접대

만 넣고 슴슴 담백하게 삶았다. 그리고 작년 일본 미야기 올레 개장 행사 때 사 온 다시 팩으로 국물을 내서 어묵탕도 끓여 볼 생각이었다.

그런데 도현이 말했다.

"저는 물에 빠진 돼지고기는 안 먹는데요!"

생선회를 좋아하지 않는다는 소현.

"나가서 두부전골이나 먹을까요?"

욕을 삼켰다.

'이 연놈들이!'

엄청 혼란스러웠다. 방에 가서 부를 때까지 또 쉬고 있으라고 했다. 뭐를 어떻게 대접해야 할지 막막했다. 그렇다고 치킨 나부랭이나 시켜줄 수는 없는 노릇 아닌가?

차를 몰고 무작정 표선에 있는 마트로 갔다.

순두부? 소세지 볶음? 부대찌개? 아니면… 다시금 돋아난 선택 장애에 십여 분을 이리저리 배회하던 중, 불현듯 귀 언저리를 스치는 번뜩임이 있었다. 그리고 곧장 수산물 코너로 갔다.

어종과 횟감의 퀄리티를 분간할 수 있는 미각이라면 몰라도 초고추장에 의존하는 정도라면 마트에서 파는 생선회도 괜찮다. 특히 제주에는 9,900원짜리 회 접시가 즐비하니 말이다. 양식 광어, 도다리는 물론이고 겨울이 다가오면 방어와 부시리도 저렴한 가격에 맛을 볼 수 있다. 물론 양은 적지만 혼자나 둘이 먹기 적당하고 모자라면 한 접시 더 사면 된다.

한편 수산물 코너 주인장을 잘 사귀어 놓으면 여러모로 이롭다. 아침에 모둠회를 주문하고 오후에 찾아갈 수도 있다. 이때 주인장은 오전에 회 뜨는 작업을 할 때, 여러 가지를 조금씩 떼어내어 모둠 접시를 만들어 놓으면 되는 것이라 전혀 번거롭지 않다. 본디 나의 단골은 봉개의 번영마트지만, 오늘은 표선의 유드림마트다.

방어회 큰 접시가 19,800원에 나왔다. 이 정도면 어디다 내놔도 손색없다. 특히 제주에서는 8킬로그램급 대방어가 아니면 굳이 중방어 등의 어설픈 타이틀을 붙이지 않는다. 그냥 방어다. 대충 봐도 5킬로그램급 이상에서 볼 수 있는 부위 구성이라 먹을 만하다. 그리고 큼지막한 광어 머리가 포장된 5,000원짜리 매운탕도 샀다.

전략은 이렇다. 수육을 안 먹는 녀석에게는 생선회를, 생선회가 싫은 녀석에게는 수육을 먹일 작정이다. 그리고 매운탕이 있으니….

집에 돌아와 매운탕을 심도 있게 끓였다. 무와 대파를 썰어 물을 끓인 다음 뼈와 대가리를 넣고 함께 포장된 매운탕 양념을 풀었다. 거기에 순창고추장 두 큰 스푼과 멸치액젓도 추가했다. 그리고 맨 마지막에 두부를 올렸다. 이쯤 되면 내 솜씨라 우겨도 될 것 같았다.

어리숙한 손님, 어설픈 접대

"와, 진수성찬이네."

"매운탕 어떻게 끓였어요? 정말 맛있어요?"

속으로 '너희 입맛이 그 정도지' 했지만, 잘 먹어주는 녀석들이 고마웠다.

내 솜씨로 접대라니. 그래도 제주 생활이 꽤 익숙해졌나 보다. 그들이 돌아간 후, 아내에게 전화해 무용담처럼 있었던 이야기를 퍼 날랐다. 잘했다고 칭찬해 주는 그녀, 올 날이 사흘이나 남았다.

괴물광어 소동

올해는 감귤은 물론 한라봉, 천혜향 등의 만감류 가격도 만만치 않다. 기온이 높았던 탓에 수확량이 급감했기 때문이란다. 제주에서 가장 후한 것이 귤 인심이라 했다. 예년 같으면 얻어만 먹어도 한 계절 내내 혓바닥, 손가락을 노랗게 물들이며 보낼 수 있었는데 올해는 감불생심 턱도 없다.

그래도 아내는 재주가 비상하다. 비록 파품이지만 잘도 구해온다. 아니 본인은 나눠주는 것을 그저 받아 올 뿐이라고 했지만, 그 배경에는 역시나 표선목욕탕이 있다.

표선목욕탕으로 매일 출근하는 소위 단골 대부분의 나이는 아내보다 위다. 하지만 아내는 차이의 많고 적음에 상관없이 '언니'라는 공통 호칭을 쓴다. 제주에서 흔한 '삼춘'이란 말도 사용하지 않는다. 80이 넘어도 깔끔하게 언니다.

아내에게는 몇 가지 원칙이 있다.

- 들은 말을 다른 사람에게 전하지 않기
- 언니들이 정치 얘기를 할 때는 자리를 피하기
- 아는 척하지 않기
- 남들이 싫어하는 일 먼저 하기

그리고

- 남 손부끄럽게 하지 않기

아내는 언니들이 챙겨주는 어떤 것도 마다하지 않는다. 감사하게 받아 집으로 가져온다. 김치, 깍두기, 과일 주스, 버섯, 소라젓, 전복젓, 무늬오징어, 조기 등등 종류도 다양하다.

목욕탕에서 돌아온 아내가 주차장으로 나와 보라고 했다. 차 트렁크를 열었더니 납작하게 뉘어놓은 마대 자루가 보였다.

"목욕탕에 다니는 언니 남편이 낚싯배를 가지고 있는데, 광어를 잡았나 봐. 나 준다고 해서 받아왔어."

조심스레 마대를 벗겨냈다. 그러자 평생 한 번도 본 적 없는 초대형 광어가 나타났다. 크기도 엄청났지만, 거무튀튀한 외관에서는 괴물의 포스까지 느껴졌다.

'엄청난 놈이다!'

한바탕 호들갑을 떨며 환호성을 지르고 나니 뒤가 허전했다. 감당의 경계 너머 현실 걱정이 엄습해 온 것이다.

'이놈을 어떻게 해야 하나?'

6킬로그램을 상회하는 괴물 광어

한 번도 회를 떠본 적 없는 남편과 작은 활어는 몇 번 다뤄 봤던 아내도 엄두가 나지 않기는 매한가지다.

광어는 피를 뽑지 않아 상온에서 오래 놔둘 수가 없는 상태였다. 그러다 얼마 전 방어회를 떠 왔던 제주항 현대수산을 생각해 냈다. 그런데 가고 오는 데만 2시간이다. 이쯤 되면 지느러미 부분만 베어 먹든지 아니면 그냥 숭덩숭덩 잘라내서 탕이라도 끓이는 편이 나을지도 모르겠다.

회를 포기하며 좌절하려던 그때 복잡한 머릿속을 헤치며 떠오른 곳이 있었으니 이번에는 표선에 있는 '표선수산마트'다.

괴물광어 소동

표선수산마트는 이따금 이용해 왔던 회 포장 전문업체로 부근에서는 꽤 유명한 곳이다. 이럴 줄 알았으면 안면이나 터둘 걸 하는 마음으로 전화를 걸고 버벅거리며 물었다.

"아는 사람이 광어를 줬는데, 좀 크거든요. 회를 좀 떠 줄 수 있을까요?"

'혹시나 안된다면 어떻게 하지?' 했던 마음이 무색하리만큼 대답은 쿨했다.

"가능합니다. 가져오세요."

표선은 집에서 6킬로미터 거리에 있다. 다시금 마대 자루에 광어를 집어넣고 트렁크에 실은 다음 냅다 달렸다. 저울에 달아 본 광어의 무게는 무려 6.3킬로그램이나 됐다. 그런데 이쯤은 숱하게 봐 왔다는 듯, 수산마트 직원의 표정은 평온 담담하기 이를 데 없었다. 드디어 그의 회칼이 섬세하게 움직이기 시작했다.

"피를 안 뽑은 거라 머리와 뼈 부분은 버릴게요. 그리고 생선 살은 물기를 빼야 맛있어요."

전문가의 솜씨는 역시 달랐다. 앞 뒤판의 살을 발라내고 그것을 각각 이등분을 한 다음, 해동지를 몇 겹으로 감아 비닐에 넣고 진공포장까지 해줬다.

비용은 이만 오천 원. 삼만 원을 낸 뒤 거스름돈은 받지 않았다. 감사 겸, 혹시나 모를 그날에도 잘 부탁한다는 의미다.

족히 10여 명은 푸짐하게 먹을 수 있는 양이다. 회 먹으러 오라는 호출에 가까운 사람들이 속속 집으로 몰려들었다. 광어만으로도 충분했지만, 그들이 가지고 온 족발, 어리굴젓, 토마토 스튜, 족발까지 식탁은 더욱 그득해졌다.

생선은 역시 큰 것이 맛있다. 특히 '엔가와'라고 불리는 지느러미 부분은 지금껏 먹은 어떤 생선회와도 비교할 수 없을 만큼 특별했다. 광어로 대동단결, 그득해지는 배, 서서히 오르는 취기, 사랑하는 사람들의 웃음소리. 이런 게 사는 건가 싶었다.

그리고 칭찬을 글로 옮기는 것이 남사스럽긴 하지만, 아무리 생각해도 아내는 좋은 사람이다.

괴물광어 소동

동백오일 플렉스

뒷마당 동백나무는 꽃을 피우기 전, 그러니까 여름에서 가을까지 씨를 떨군다. 나무에 매달려있는 열매가 말라 벌어지면서 그 안에 들어있는 2~3개의 씨가 마당으로 떨어진다.

올해는 그 양이 꽤 됐다. 동백씨는 색과 모양이 밤톨을 닮았다. 그런데 크기는 손톱만큼이나 작다. 두어 달 잘 말린 씨앗은 끓는 물로 데쳐낸다. 혹시나 모를 잡균을 없애는 작업이다. 그리고 또 며칠을 다시 건조한다.

기름을 짜기로 한 날이다. 왠지 아침부터 설렜다. '농사를 짓고 수확하는 기분이 이런 걸까' 하는 생각도 들었다. 나무에서 거저 얻어진 것 같지만 씨를 줍는 일도 노동이다.

방앗간으로 갔다. 주인아주머니 앞에 동백씨를 담은 포대를 내려놓을 때는 마음이 콩콩거리기까지 했다.

"씨가 좋네, 알도 크고 깨끗하고."

토종 동백은 반년씩 번갈아 개화하고 낙화한다

칭찬은 아내의 허리 병도 낫게 한다.

반나절 후 1.8리터짜리 페트병 5개를 받았다. 노란빛의 투명한 액체, 향도 고소하고 부드러웠다.

이전에는 느껴보지 못한 뿌듯함이 몰려왔다. 신기한 기분이다. 우리 집 나무의 동백씨를 직접 주워 착유했으니 세상 가장 믿을 만한 동백오일이 아니겠는가? 자신감도 뿜뿜 솟아났다.

예전에는 동백오일을 주로 머리카락에 사용했지만 최근에는 다양한 효능이 알려지면서 귀하신 몸이 됐다. 동백오일은 다

동백오일 플렉스

동백오일을 병에 나눠 담았다

량의 불포화지방산과 항산화 성분을 함유하고 있어서 콜레스테롤 수치를 개선하고 혈압을 낮추는 데 도움을 준다. 게다가 면역력과 질병 저항력을 증가시키는 역할도 한다. 그 장점을 경험해 본 사람들은 생으로 복용하거나 일상에서 파스타, 샐러드유로 사용하고 빵을 찍어 먹는다. 피부미용에도 그만이다. 화장품에 한두 방울 떨어뜨려 바르면 보습 효과가 증진된다. 당연히 노화 방지나 아토피에도 좋다.

겨울이 되면 있는 듯 없는 듯 숨어있던 동백나무들이 모습을 드러낸다. 나무는 꽃을 피워야 그 존재감이 살아난다. 제주의 토종 동백나무는 덩치가 크다. 뒷마당에 있는 것도 높이가 15미터나 된다. 꽃은 피고 난 후 가지 끝에 잠시 머물다 봉오리째 떨어진다. 10월 말에서 거의 5월 초까지 개화와 낙화를 반복한다.

동백나무는 집마다 골목마다 그리고 거리에서 흔하게 볼 수 있다. 그런 제주와 달리 동백나무 군락이 천연기념물로 지정된 지역도 있다. 바로 서북단 섬 대청도다.

대청도에는 동백나무 북한자생지가 있다. 중부권에서 거의 볼 수 없는 동백이 그보다 북쪽에서 자랄 수 있는 까닭은 난류의 영향 때문이다. 키 작고 보잘것없는 식생도 위치에 따라서는 귀한 대접을 받기도 한다.

요즘 제주에는 애기동백이 유행이다. 연한 빨강에 큰 꽃을 피우는 이것은 대형카페나 테마 공원 등에서 인기를 구가하는 중이다. 봉오리가 아닌 꽃잎을 떨구는 애기동백은 본디 '산다화山茶花'라는 이름을 가진 일본산이다. 제주 식당에서 파는 흑돼지가 토종이 아닌 교배종이라는 것과 애기동백 역시 물 건너온 것이라는 정도는 관광객들도 알았으면 좋겠다.

주변에 사는 사람들이 동백오일을 팔아볼 생각은 없는지 물었다. 인터넷 쇼핑몰에는 순도 100퍼센트짜리가 꽤 높은 가격에 올라와 있었다. 물욕에 잠시 침침했던 눈이 다시 맑아졌다.

동백오일 플렉스

20밀리미터와 50밀리미터 스포이트 병을 주문했다. 먼저 제주의 이웃들에게, 다음은 먼 길을 찾아온 반가운 지인들에게 선물하기로 마음먹었다. 정성을 나누는 농부처럼 말이다.

저녁에는 동백오일 플렉스를 즐겼다. 프라이팬에 식용유가 아닌 동백오일을 질펀하게 뿌리고 계란 5개를 터뜨렸다. 계란의 테두리가 노르스름해질 때쯤 가스불을 껐다. 오일에 남은 열기가 아래의 얇은 면을 살짝 구웠다. 겉은 바삭, 속은 촉촉 최고의 프라이가 완성됐다.

제주살이 별거 없다. 의미를 붙이면 모두가 재밌거리다.

나도 양 제주에 살암수다

여행하듯 살아가듯, 어느 작가의 제주 생활 연습장

2025년 7월 7일　　초판 1쇄 발행

지은이
김민수

펴낸이	펴낸곳	출판등록
최갑수	얼론북	2022년 2월 22일(제2022-000026호)

주소
경기도 파주시 경의로 1056 아이플렉스 411

전화	팩스	전자우편
010-8775-0536	031-8057-6703	alonebook0222@gmail.com

인스타그램
@alone_around_creative

디자인
이재희

인쇄와 제본	종이	물류
상지사	올댓페이퍼	우진출판물류

ISBN 979-11-94021-25-4(03810)　값 18,900원

- 이 책의 판권은 지은이와 얼론북에 있습니다.
- 이 책 내용의 전부 또는 일부를 재사용하려면 반드시 양측의 서면 동의를 받아야 합니다.
- 잘못된 책은 구입하신 서점에서 교환해드립니다.

얼론북은 '영감과 경험 그리고 인사이트'를 주제로 책을 만듭니다.
여러분의 소중한 원고를 기다립니다.